Ernest Bosc

# Petite encyclopédie synthétique des sciences occultes

Hermétisme, magie, oracles, divination, féérie, sybilles, météorologie physique et mystique, kabbale, nombres, sociétés secrètes, mouvement occultique contemporain, occultisme

ERNEST BOSC DE VÈZE

# PETITE ENCYCLOPÉDIE

## SYNTHÉTIQUE

### DES

### SCIENCES OCCULTES

ALCHIMIE
HERMÉTISME. — MAGIE
ORACLES, DIVINATION, FÉERIE, SYBILLES
MÉTÉRÉOLOGIE PHYSIQUE ET MYSTIQUE
KABBALE, NOMBRES, SOCIÉTÉS SECRÈTES
MOUVEMENT OCCULTIQUE
CONTEMPORAIN
OCCULTISME

EDITION DE LA CURIOSITÉ

NICE
BUREAU DE LA CURIOSITÉ
1904
*Tous droits réservés*

- _____
- Chapitre premier - La magie
- Chapitre II - L'Hermétisme. L'Alchimie
- Chapitre III - De la di
- ___ ___ _____  _
- ___ _____
- ___ _____ vination
  - Des divers modes de divination
- Chapitre IV - Des oracles et des Sibylles
- Chapitre VI - Les sorts et les sortilèges. L'Envoûtement
- Chapitre V - Psychisme et Psychurgie
  - Les âmes diverses de l'homme
- Chapitre VI - Curiosités sur les nombres
  - Chez les Romains
  - Sur le triangle équilatéral
  - Faits historiques
  - Sur le nombre 7
  - Du nombre sept en maçonnerie
  - Sur le nombre neuf
  - Sur le nombre 40
- Chapitre VII - Démonologie. – Féerie
- Chapitre VIII - Sur diverses sociétés secrètes
  - Les Rose-Croix
- Chapitre IX - Les Carbonari
  - La Franc-maçonnerie
  - Les Illuminés
  - L'Ordre teutonique
- Chapitre X - Météréologie physique et mystique. – Curiosités météréologiques et autres
- Chapitre XI - Les occultistes contemporains et le mouvement occultique
- Chapitre XII - De la littérature occultique contenporaine. – Son importance

Copyright © 2022 Ernest BOSC (domaine public)
Édition : BoD – Books on Demand, info@bod.fr.
Impression : BoD – Books on Demand, In de Tarpen 42, Norderstedt (Allemagne)
Impression à la demande
ISBN : 9782322418862
Dépôt légal : juillet 2022
Mise en page et maquettage : https://reedsy.com/
Tous droits réservés pour tous pays.

# Avant-propos

Un grand nombre de lecteurs nous ont demandé, il y a bien longtemps déjà, d'écrire une sorte d'Encyclopédie pour les personnes qui s'occupent d'Occultisme et de Psychisme un peu en amateurs, c'est-à-dire en sceptiques, mais qui voudraient bien savoir et connaître ce qu'il y a de vrai au fond des choses occultes.

Les véritables Occultistes, ceux qui veulent approfondir les Grands Arcanes de l'Occultisme possèdent des ouvrages spéciaux, très bien faits, des ouvrages originaux sur la matière, signés de noms célèbres : Eliphas Lévi (l'abbé Constant), Cahagnet, du Potet, Karl du Prel, Hartemann, Stanislas de Guaita, Papus, Sédir, Barlet et autres encore.

Dans un autre ordre d'idées, dans le domaine de la Psychurgie, de la Psychométrie, de l'Extériorisation, de la Motricité, de la Lévitation, du Psychisme en général, les élèves occultistes peuvent étudier les ouvrages et les travaux de Durand de Cros, d'Albert de Rochas, de Pierre Janet, d'Azam, de Luys, de Liégeios, de Beaunis, de Bourru, de Burot, de Cullère, de Lelut, de Fontenay de Baraduc, d'Allan Kardec, d'Aksahoff, de Crookes et de tutti quanti.

Aussi n'est-ce pas pour l'Occultiste proprement dit, ni même pour l'élève Occultiste un peu avancé, que nous avons écrit le présent ouvrage, mais pour l'aspirant, l'étudiant occultiste, pour l'homme du monde instruit, pour l'amateur qui veut avoir des idées générales sur la question, pour l'homme curieux de vraie science, qui veut débrouiller sans peine, sans grandes recherches et surtout sans fatigue d'esprit, tout ce qui relève du domaine de l'Occulte et voudrait le dégager de toute superstition ou fantasmagorie !

Ce public est très nombreux, nous pouvons l'affirmer, beaucoup plus nombreux qu'on ne le croit généralement. Parmi ce public, beaucoup de personnes ne veulent pas ou n'osent pas avouer leurs convictions dans ta crainte d'être ridiculisées, d'être traitées de Spirite de Sâr ou de Mage !... de Sorcier même !

Cependant beaucoup de personnes parmi le public auquel nous venons de faire allusion voudraient bien connaître le passé ou l'avenir, savoir surtout, ce qu'il faut penser de l'Au-delà : si l'homme se réincarne ou se réincorpore, sur notre planète ou sur toute autre ; si après cette vie, il revit d'une autre façon, si l'on peut admettre qu'il y a des Esprits, des Élémentals, des Élémentaires, des apparitions, des Invisibles, si l'on peut établir des communications entre les vivants et les morts, entre les invisibles de l'aither et les hommes de la Terre, en un mot entre le monde visible et le monde invisible etc., etc.

Les esprits les plus sérieux, partant les moins superstitieux, ajoutent foi aujourd'hui (une certaine foi, dirons-nous) aux Entités de l'espace, aux Entités de l'astral, aux Invisibles, ce que les Spirites dénomment les Esprits.

Parmi ces personnes, peu portées à la superstition, nous citerons entre autres Edouard Drumont, par exemple, qui dans l'Introduction d'un volume [1] d'un certain intérêt historique, a écrit en qui suit :

« Les Anthoine cependant se distinguent des autres par une vocation obstinée et spéciale, ils racontaient les derniers moments des rois. À l'heure où les bougies s'éteignent brusquement, sans qu'aucun souffle ne les effleure, à l'heure où circulent à travers les corridors du château, devant des gardes stupéfaits, qui n'ont pas entendu la porte tourner sur ses gonds, les Esprits familiers qui ont pour mission, comme le Petit homme rouge des Tuileries ou l'Homme sauvage de Fontainebleau [2] de prédire que les catastrophes sont prochaines ; les Anthoine noircissaient du papier. Leur écriture avait la signification de la poule qui chante le coq et qui annonce une mort à bref délai dans la maison. »

Évidemment, on ne peut pas dire par les lignes qui précèdent, que son auteur croit fermement aux Esprits, aux Larves et aux Coques astrales, mais enfin, on peut supposer que s'il n'y croit pas d'une manière absolue, il ne les nie pas non plus et qu'il voudrait bien savoir, être éclairé, fixé sur la question des Invisibles.

Or, il y a beaucoup de personnes instruites qui se trouvent dans le même cas et qui voudraient bien connaître, sans avoir à fouiller de grands in-folios, de profonds livres didactiques, tout ce qui louche à l'Occulte.

C'est donc une véritable Encyclopédie qu'il faudrait écrire pour ce genre de lecteurs.

Voilà pourquoi nous avons écrit la Petite Encyclopédie synthétique des sciences occultes que nous présentons au Public, et qui traite sans prétention, mais avec un programme net, précis et complet, tout ce qui touche à l'Occultisme, à la Science Occulte, y compris tes Sociétés Secrètes ce que les anciens dénommaient : L'Art sacré.

Nous donnerons ici au lecteur, afin de lui permettre de l'embrasser d'un seul coup d'œil, le vaste programme des études que nous avons synthétisées à son intention, pour lui permettre d'apprendre, sans fatigue, tout ce qu'un homme qui est dans le mouvement (dans le train, dit-on) doit connaître aujourd'hui sur ces intéressantes questions si recherchées par nos contemporains.

La présente étude embrasse dans ses chapitres tes diverses branches de l'Occultisme : Magie, Hermétisme, Psychisme, Divination, Mandes diverses : Oracles, Kabbale, Science des Nombres, Féeries, Démonologie, Sorcellerie, Envoûtements, Sociétés secrètes, Météorologie naturelle et Mystique, nomenclature succincte des personnes ayant contribué à l'étude des sciences Occultes ; enfin, un aperçu général d'une Bibliographie de la littérature occultique contemporaine (romans).

Comme on voit, ce programme est très vaste, mais comme nous le déroulerons à la façon d'un cinématographe, nous avons la prétention d'intéresser vivement le lecteur et de lui donner des connaissances générales sur l'Occultisme sans lui demander, pour ainsi dire, aucune somme de travail.

Nous lui fournirons un aliment solide, substantiel, un aliment complet. De plus, comme notre étude est très méthodique, il sera toujours facile au lecteur de trouver rapidement l'objet de ses recherches et d'approfondir telle question qui l'intéressera plus vivement qu'une autre.

Nous n'insisterons pas davantage sur l'utilité pratique de notre travail, mais si nous avons pu être utile ou intéresser seulement des lecteurs et les amener au Spiritualisme, nous nous trouverons heureux d'avoir fait quelque bien, car aujourd'hui, on a débité tant de faussetés sur l'Occultisme, qu'il est nécessaire de mettre chaque chose à son plan, à son point, de démêler le vrai du faux, de détruire la superstition et de faire envisager sous leur jour véritable un grand nombre de faits qu'on dit Surnaturels et qui sont simplement scientifiques, mystiques, divins ou démoniaques ; attachant à ce dernier terme sa véritable signification, c'est-à-dire des faits produits par des démons ou Esprits, bons ou mauvais du reste.

Grâce à la Science, à la Foi, à l'Extase, à la Mystique, on peut aujourd'hui expliquer quantité de faits qui passaient autrefois pour merveilleux, miraculeux même, et qui sont simplement d'ordre naturel mais fort peu connus ou mal expliqués [3].

Du reste, tout dans la nature n'est-il pas merveilleux et naturel en même temps ?

Prenons, par exemple, les transformations successives du germe humain dans son ascèse, les états divers par lesquels passe l'embryon pour arriver à devenir l'homme : le Roi de la Création,

Quelle plus étonnante merveille que celle-là ?

Voici en quelques mots le résumé anthropogénique qu'Ernest Haeckel nous en donne dans son Ontogénie.

« L'Embryon humain est, d'abord, une plastide, puis il devient polycellulaire, enfin apparaissent deux feuillets germinatifs primordiaux (couche interne ou feuillet intestinal et couche externe ou feuillet cutané).

« L'Embryon est alors un invertébré, pourvu seulement d'un intestin : c'est le cinquième stade.

« Au stade suivant, il acquiert deux feuillets moyens (fibro-cutané et fibro-intestinal) et il rappelle la larve d'ascidie.

« Au septième stade, il devient un vertébré : il est analogue à l'Amphioxus.

« Au huitième stade c'est un crâniote (lamproie) sans membres, ni mâchoires, mais l'appareil circulatoire et le cœur commencent à fonctionner.

« Dans les stades suivants, l'embryon devient l'analogue du poisson : il acquiert deux paires de membres, une mâchoire supérieure et une mâchoire inférieure ; puis des poumons (vessie natatoire), le foie et le pancréas. Il arrive ensuite progressivement à l'organisation des Amniotes, des Vertébrés supérieurs, dépourvus de branchies, puis des Mammifères placentaliens et enfin à celle de l'homme. »

On voit donc que l'homme parcourt toutes tes formes animales avant d'arriver à sa forme finale.

L'ovule humain, simple cellule amiboïde, devient, par la fécondation, une monère ou cellule à noyau et c'est ce simple organisme qui, passant par les stades que nous venons d'énumérer, arrive à former l'homme (l'animal parfait).

Mais celui-ci n'est que le dernier stade de l'homme physique et il est bien certain qu'après sa mort, l'homme poursuit ses transformations successives et diverses, car d'après la Théosophie et l'Occultisme, l'homme comporte sept principes dans sa constitution.

Nous n'insisterons pas sur ce point, nous bornant à renvoyer le lecteur à des ouvrages spéciaux qui ont fort bien traité la question ; et nous terminerons ici notre Avant-Propos, en disant que dans la nature, tout est aussi merveilleux que la génération et la croissance de l'homme, mais nous ajouterons que malgré ses nombreuses transformations, ses avatars divers, il ne descend pas du singe, ceci est absolument certain. Nous n'avons jamais eu pour ancêtre un singe anthropoïde ; notre père n'a jamais été ni un Orang, ni un Chimpanzé, ni un Gorille, ni un Gibbon ; nous l'avons démontré par A + B dans un chapitre spécial de LA DOCTRINE ÉSOTÉRIQUE à travers les âges. 2 vol. in-12 Paris, 1901 [4].

Ce que nous espérons démontrer aussi, c'est que le Spiritualisme seul, peut expliquer quantité de faits naturels qui paraissent merveilleux.

À aucune époque l'homme n'a eu plus soif de l'Occulte, parce que l'homme n'a jamais vécu dans une incertitude aussi grande que celle qui caractérise notre temps.

Cette incertitude provient de ce que l'homme est complètement dévoyé, et ceci n'est pas une métaphore ; l'homme moderne, en effet, vit hors de la voie pour laquelle il a été créé.

Notre fin de siècle est profondément matérialiste, elle ne croit à rien ; si, à une seule chose : au VEAU D'OR !

De cet excès du mal naîtra nécessairement une réaction ; du matérialisme surgira bientôt le Spiritualisme, qui est la seule voie de la Salvation.

Le nouveau siècle dans lequel nous entrons sera certainement spiritualiste, ce qui le prouve d'une manière indiscutable, c'eut le mouvement philosophique contemporain, mouvement qui se traduit déjà par quantité d'ouvrages, de journaux et de publications, qui combattent à outrance le matérialisme néantiste.

Aussi nous ne sommes pas de ceux qui désespèrent de l'avenir, au contraire, nous disons en terminant, après la tempête et l'orage, nous aurons le beau temps et c'est cet espoir qui nous console.

E.B.

---

1 LA MORT DE LOUIS XIV, Journal des Anthoine, publié pour la première fois avec une introduction de E. DRUMONT. 1 vol. in-8. Paris, QUANTIN, 1880. Introduction, page XXVIII.

2 Cet homme sauvage est généralement dénommé, le Grand Venrur.

3 Voir à ce sujet dans la VIE ÉSOTÉRIQUE de Jésus de Nazaret, le chapitre qui concerne les miracles ; un vol. in-8° Paris 1902.

4_ Notamment aux opuscules Théosophiques, à la DOCTRINE ÉSOTÉRIQUE à travers les âges ; Cf. également DICTIONNAIRE D'OIUENTALISME, d'Occultisme et de psychologie, 2 vol. in-12, Paris
.

# Chapitre premier

# La magie

L'ancienne nomenclature occulte ; celle des Démonographes, divise la magie en quatre sections : la première comporte la possibilité d'opérer certains prodiges visibles, tangibles à l'aide de connaissances plus ou moins approfondies des phénomènes de la Nature.

Agrippa, savant du XVI$^e$ siècle, attribue à cette Magie naturelle une telle puissance, qu'elle pourrait passer de nos jours pour la vraie Magie.

Le P. Kircher, le savant Jésuite, la définit la Connaissance de la sympathie ou de l'antipathie des choses.

D'après cet auteur, Hermès Trismégiste et Zoroastre auraient possédé à un haut degré cette connaissance de la sympathie et de l'antipathie des choses, de là provenait la grande valeur de ces personnages.

Selon Platon, la magie de Zoroastre ne serait guère qu'une connaissance de la haute Kabbale ou, mieux, une connaissance approfondie des mystères de la Religion.

La seconde division de la Magie serait la Magie mathématique ou la Connaissance approfondie des lois de la Mécanique. C'est ce genre de savoir qui donna à Albert-le-Grand et à Boëce, la réputation de Magiciens qu'ils ont conservée presque intacte jusqu'à nos jours.

La troisième division aurait un caractère des plus délétères, aussi Agrippa la dénomme-t-elle : Magie empoisonneuse. C'est par elle, en effet, que l'on peut opérer toutes sortes de métamorphoses ; c'est ce genre de magie qui emploie les philtres amoureux et autres breuvages mystérieux. Dans cet ordre d'idées se trouvaient Medée et Circé.

Enfin la quatrième division comprend la Magie cérémonielle qui est la plus puissante, la plus terrible et qui comporte deux subdivisions : la

Goëtie Magie noire, qui fournit les moyens de communiquer avec les Entités du mai, dénommées souvent, les Esprits Infernaux ; la seconde subdivision se nomme Théurgie ou Magie blanche, on l'a fait remonter au Roi David, mais elle existait, en vérité, bien avant ce prince ; c'est la magie la plus haute, la plus noble.

« De toutes ces magies, la plus ancienne sans contredit, est la Magie Noire, elle remonte à la plus haute Antiquité. C'est elle qui aurait corrompu le genre humain et attiré le Déluge Universel, qui aurait eu pour mission spéciale, suivant un grand nombre de Démonographes, de détruire tous les Magiciens noirs de la Race Atlantéenne.

Malheureusement, Cham qui avait conservé les secrets de cette magie, les transmit à son fils Misraïm, que d'aucuns prétendent n'avoir été autre que Zoroastre.

Il est non seulement question de la magie dans les Livres Saints, mais encore dans l'Odyssée où l'on voit qu'un Dieu, Mercure, donne à Ulysse une plante (l'ail moly) afin d'empêcher les compagnons du héros d'être changés en pourceaux, par suite des prestiges de l'enchanteresse Magicienne Circé !...

En réalité les origines de la Magie se perdent dans la nuit des temps, car on retrouve des formules magiques dans les Védas, dans les livres Égyptiens (Rituels) ainsi que dans la Kabbalah Hébraïque et dans les livres Kaldéens.

De l'Inde, la Magie passa chez les Kaldéens. – Diodore de Sicile nous a même révélé l'existence d'une tribu Kaldéenne, qui formait une Caste Sacrée s'occupant exclusivement des Sciences Occultes.

On a retrouvé des traces de la Magie chez les Cabires et les Etrusques. Pline nous fournit des renseignements fort intéressants sur la Magie, telle qu'on la pratiquait au temps d'Homère ; ajoutons que les plus grands poètes et philosophes de l'Antiquité se firent initier pour devenir Mages.

Au commencement de l'Ère Chrétienne, certaines sectes du Christianisme qui disaient posséder la vraie parole de Dieu entrèrent ouvertement en lutte avec les Chrétiens Orthodoxes ; ils avançaient qu'ils étaient seuls possesseurs de la vraie Connaissance ou Gnose, d'où le nom de Gnostiques, qui leur fut donné.

C'est au III$^e$ siècle surtout, à l'École d'Alexandrie que fleurit la Gnose ; et ses deux représentants les plus illustres furent Plotin et son disciple Porphyre qui posèrent les bases de la science magique.

Jamblique, qui leur succéda, empêcha la magie de dévier, en la réunissant à la Théurgie. Eunape, Eustache et l'Empereur Julien, le Philosophe, de même que plus tard Proclus soutinrent le système de Jamblique, l'auteur supposé des Mystères Égyptiens.

Pendant le Moyen-âge, l'Église fit une guerre acharnée aux Magiciens, les confondant même avec les Sorciers et les faiseurs de sortilèges, et c'est par milliers que furent brûlés les sorciers, qui eux étaient de véritables Envoûteurs. Malheureusement, à cette époque, il suffisait d'écrire en hébreu ou en arabe, d'étudier l'Alchimie ou l'Astrologie pour être accusé de sorcellerie et de l'accusation au bûcher, il n'y avait pas loin.

C'est pour cela que des hommes comme Raymond Lulle, Albert-le-Grand, Vincent de Beauvais, Paracelse et tant d'autres cachaient leurs connaissances sous des formules bizarres ou employaient la Cryptographie pour écrire une grande partie de leurs études, comme nous le verrons plus loin.

Malgré les persécutions, la Magie et les Sciences Occultes se répandirent, surtout après l'invention de l'imprimerie et c'est grâce à la presse que sont parvenues jusqu'à nous, les œuvres de J. Cardan, J.-B. Porta, de Paracelse, de Cornélius Agrippa, de Jean Reuclin, d'Albert-le-Grand et de tant d'autres écrivains, mais elles sont encore peu comprises de nos jours.

## La cryptographie

La cryptographie est l'écriture cachée (κρυπτὸς γρᾶφειν) ; de prime abord, il semblerait que celle-ci ne doit pas, ne peut pas, entrer dans le cadre qui nous occupe.

Cependant, si l'on veut se donner la peine de réfléchir un instant sur la signification de ce mot, on saisira aisément l'analogie qui existe entre l'étude des écritures cachées et celle que nous avons faite jusqu'ici.

Nous savons du reste, que la parole a été donnée à l'homme pour cacher sa pensée : il n'est donc pas étonnant que l'écriture, qui est une parole muette, suive la même routine et se cache sous des caractères inconnus du vulgaire, sous des caractères cachés.

On dénomme cette même science Stéganographie et Polygraphie. L'une des polygraphies les plus connues est celle de l'abbé Trithème.

Il existe de nombreux systèmes, de nombreuses méthodes pour créer des écritures cachées. Ici, nous devons expliquer certains termes spéciaux, techniques, usités en cryptographie.

Ainsi les mots en clair ; langage clair, texte clair désignent les parties de la correspondance secrète qui conservent leur signification ; tandis que le langage Secret comprend le langage convenu, qui n'est qu'une modification adoptée dans le sens des mots et le langage chiffré, dans lequel on utilise des signes conventionnels (lettres ou chiffres) pour représenter les signes du texte clair. La clef est la base convenue des systèmes ; ceux-ci comportent des clefs simples ou multiples.

Chiffrer une dépêche, c'est transformer le texte clair en texte secret, parce que le signe Cryptographie est dénommé Chiffre ; d'où le terme cryptographe qui sert à désigner celui qui écrit ou déchiffre une dépêche ou écrit secret nommé cryptogramme.

L'on peut dire que la cryptographie a, sans aucun doute, précédé l'écriture proprement dite, parce que l'homme a toujours aimé le mystère et a éprouvé le besoin de l'employer pour sa sécurité : de là l'origine de la cryptographie religieuse, de la cryptographie guerrière, de la cryptographie politique, de la cryptographie commerciale, de la cryptographie même des conspirateurs.

Ce qui précède est parfaitement résumé par les lignes suivantes de l'un des fondateurs de la cryptographie moderne, par Vignère qui nous dit que de « tout temps, les hommes ont été curieux de se tracer chacun pour soy, quelques notes secrètes pour se receler de la cognoissance des autres, comme les marchands en leurs marques et papiers de compte, les médecins en leurs pieds de mouches, les jurisconsultes en leurs paragraphes. »

Disons quelques mots de l'histoire de la cryptographie.

Parmi les écritures cryptographiques la plus ancienne, sans contredit, est celle des Celtes qui était faite à l'aide de barres ou petits bâtonnets, puis celles des Quippus, enfin celles des Égyptiens dénommée Hiéroglyphes ou Écriture sacrée.

L'écriture égyptienne possédait trois formes différentes : l'écriture démotique ou populaire, l'écriture hiératique ou sacerdotale, afin l'écriture hiéroglyphique ou sacrée, qui ne comportait guère que des signes idéographiques [1].

Ce dernier genre d'écriture était réellement une écriture cryptographique.

Hérodote nous a conservé quelques-uns des moyens employés par divers personnages de l'Antiquité pour cacher aux étrangers le secret de leur correspondance.

Le plus ancien et le plus primitif de ces moyens consistait à écrire sur la peau du crâne d'un individu préalablement rasée des mots et des signes convenus entre les deux correspondants ; puis on laissait repousser les cheveux et on annonçait à son correspondant cette missive animée, dont il prenait connaissance en rasant de nouveau le crâne de l'esclave (courrier).

Les Grecs utilisaient un mode d'écriture, la Scytale, pour correspondre secrètement. Ce mode consistait à rouler sur un bâton une bande de parchemin, sur laquelle on écrivait longitudinalement ; le correspondant possédait un bâton de même diamètre sur lequel il enroulait la bande de parchemin bien ajustée, ce qui lui permettait de lire ce qu'elle portait écrit, mais nous n'avons pas besoin d'ajouter que c'était là un mode vite reconnu ; c'était le secret de polichinelle que toute personne pouvait reconnaître et lire en tâtonnant sur plusieurs diamètres de bâtons.

Le Père de l'Histoire nous donne aussi un moyen employé par Démocrate, qui voulait faire passer à ses compatriotes un avis qu'ils avaient grand intérêt à connaître, sans que l'on put saisir cet avis.

Voici ce qu'il fit, il enleva la cire d'une tablette, écrivit ce qu'il voulait faire connaître directement sur la tablette qu'il revêtit ensuite de cire.

L'esclave porteur du message , le remit aux Lacédémoniens, qui ne comprirent rien à la chose, quand la femme de Léonidas pensa qu'il fallait fondre la cire. Ceci une fois exécuté, la dépêche put être lue sinon en clair , au moins clairement.

Tous nos lecteurs se rappellent sans doute, la ruse qu'employa Harpage pour faire parvenir un avis important. Il ouvrit un lièvre dans les intestins duquel il plaça une tablette en recommandant à Cyrus d'ouvrir le ventre de l'animal sans témoins. Mais cet avis n'était-il pas dangereux, et n'attirait-il pas l'attention, sur ce que pouvait contenir les lianes du lièvre.

Au Moyen-âge, beaucoup de savants avaient des écritures secrètes ou cachées ; nous connaissons notamment celles des Astrologues et celles des Alchimistes, qui écrivaient ainsi pour éviter bien souvent le bûcher de l'inquisition.

La Renaissance utilisa également la Cryptographie pour correspondre avec les ambassadeurs délégués auprès de certaines puissances.

Qui a été à l'époque moderne le restaurateur de la cryptographie ? Nous pensons que c'est Raban Maur, archevêque, qui vers la fin du IX$^e$ siècle imagina la clef d'un système qui fut employé par les moines Bénédictins.

C'est donc bien à tort que beaucoup d'auteurs considèrent l'abbé Trithème comme l'inventeur de la cryptographie moderne, il a eu l'honneur (assez grand déjà), d'avoir écrit les deux premiers Traités sur la matière : sa Polygraphie et sa Sténographie sont, en effet, les deux premiers ouvrages de cryptographie qui aient été imprimés ; c'est même dans ceux-ci qu'on peut voir les alphabets ou signes employés par de nombreux alchimistes. Nous en avons donné quelques spécimens dans notre Dictionnaire d'ORIENTALISME, D'OCCULTISME et de psychologie [2], au mot CRYPTOGRAPHIE.

Après la cryptographie, les objets ayant trait à la Magie sont fort nombreux, une simple énumération montrera leur diversité. Nous mentionnerons notamment les Amulettes divers, les Anneaux constellés, les Armes enchantées, les Coupes magiques, les Épreuves judiciaires, les Exorcismes, les Grimoires, les Mantrans, les Maraca, la Messe noire ou à rebours, les Miroirs magiques, le Palladisme, les Pantacles, les Philtres, les Pierres précieuses, le Satanisme, les Talismans, les Tatouages, etc., etc.

Disons que les mêmes pratiques, bijoux, ustensiles, mantrans, etc., peuvent appartenir, suivant leur consécration, soit à la magie blanche, soit à la magie noire ; le lecteur comprendra facilement, car suivant le rite cérémoniel qui consacre un objet, celui-ci relève soit de l'une ou de l'autre Magie.

Pour rendre plus facile au lecteur l'intelligence de ce qui va suivre et pour lui faciliter ses recherches et comparaisons, s'il y a lieu, nous classerons ce qui va suivre autant que possible dans l'ordre alphabétique.

Les AMULETTES sont des objets extrêmement variés, auxquels on attribue des pouvoirs divers, notamment celui de guérir les maladies et même de pouvoir préserver les hommes et les animaux de certaines maladies et de garantir aussi contre certains maléfices les personnes portant ces amulettes. Comme ceux-ci peuvent être chargés d'influences magiques, il y a lieu de bien connaître leur provenance avant de les porter sur soi. Nous disons ceci parce que bien des personnes portent des objets divers en breloques, qui ont pu être des amulettes ; or, chez les marchands d'antiquités, on vend des scarabées, de petits sphinx, de petits éléphants antiques, qui peuvent fort bien avoir été rituellement consacrés, or, combien il peut être dangereux de porter sur soi de pareils objets, dont on ignore la source. Disons que ce terme malgré sa terminaison féminine est du masculin.

LES ANNEAUX MAGIQUES, LES ANNEAUX CONSTELLÉS, sont des sortes d'amulettes qui peuvent avoir aussi des propriétés diverses suivant leur mode de consécration. Avec ces anneaux, les Magiciens opéraient des merveilles, ils pouvaient, par exemple, se rendre invisibles, comme Gygès, roi de Lydie. Certains anneaux avaient la propriété de chasser la peste, le choléra ou toutes autres maladies. C'est très certainement à ces sortes d'anneaux qu'est dû l'usage de porter des Bagues d'alliance.

Les ARMES ENCHANTÉES, sont également des objets magiques ; rentrent dans la même catégorie, les coupes magiques, ainsi que les cercles, les couronnes, etc. [3].

Relèvent également de la Magie, les Épreuves judiciaires, les Exorcismes, les Mantrans, les Maraca, Messe noire ou à rebours, qu'un prêtre le plus souvent défroqué disait en employant pour autels une femme nue.

Les MIROIRS MAGIQUES sont des ustensiles très puissants de la magie, car ils sont d'une grande utilité pratique, avec leur concours on peut voir le passé, le présent et l'avenir.

À propos des miroirs magiques, on s'est souvent demandé s'il existait une théorie à leur sujet ?

Nous répondrons non, il n'existe pas, à proprement parler une théorie. Du reste, le miroir magique n'est pas ce qu'un vain peuple pense !

Pour le vulgaire, un miroir est, a priori, un objet de forme circulaire en verre, revêtu d'un étamage métallique.

Tel est le premier sentiment, la première idée que le vulgaire se fait de ce terme : Miroir magique.

Or, cette idée est juste, puisqu'un tel miroir peut, en effet, devenir ou être un miroir magique ; mais ce n'est là qu'un mode de miroir ; or, il en existe une variété infinie, comme nous allons voir.

L'origine des miroirs magiques remonte à la plus haute Antiquité.

La tradition nous apprend que les Magiciennes de Thessalie révélaient l'avenir, en écrivant leurs oracles avec du sang humain sur des miroirs métalliques, qui les réfléchissaient dans le disque de la lune (?).

Le Miroir magique a surtout été très utilisé dans tout l'Orient, où on le nomme également Miroir Constellé .

Varron [4] prétend que son emploi est originaire de la Perse, ce qui prouverait que les Mages sont bien les inventeurs de ce mode de divination dénommé Catoptromancie .

Didius Julianus eut recours aux miroirs magiques pour découvrir l'issue de la bataille que devait livrer contre Septime Sévère, Tullius Crispinius, son compétiteur à l'empire [5]. Or, comme on avait grande confiance aux enfants dans l'Antiquité, Didius Julianus, après avoir attiré sur la tête d'un enfant la clairvoyance au moyen de conjurations, le fit lire dans le Miroir Fatidique .

On nommait Specularii [6] ceux qui consultaient l'avenir à l'aide des miroirs magiques.

Pic de la Mirandole avait une grande confiance dans la divination à l'aide de miroirs constellés ; il suffisait même, disait-il, d'en fabriquer un sous une constellation favorable et de donner à son corps une température convenable, pour lire dans ces miroirs le passé, le présent et l'avenir.

Cette dernière observation a une grande importance ; nous savons, en effet, que si un clairvoyant (médium ou psychurge) a froid, il éprouve de grandes difficultés pour jouir de sa lucidité.

Jean Fernel, dans son de abditis rerum causis (I, XI), affirme avoir vu dans un miroir, diverses figures qui exécutaient tous les mouvements qu'il leur commandait, et les gestes de ces figures étaient si expressifs que chacun des assistants qui voyait, comme lui-même dans le miroir, pouvait comprendre et interpréter la pantomime des dites figures.

Reinaud nous dit [7] : « Les Orientaux ont aussi des miroirs magiques dans lesquels ils s'imaginent pouvoir faire apparaître les anges, les archanges ; en parfumant le miroir, en jeûnant pendant sept jours et en gardant la plus sévère retraite, on devient en état de voir, soit de ses propres yeux, soit par ceux d'une vierge ou d'un enfant, les anges que l'on désire évoquer ; il n'y aura qu'à réciter les prières sacramentelles, l'esprit de lumière se montrera à vous et vous pourrez lui adresser vos vœux. »

Les Chinois et les Hindous possèdent des miroirs magiques métalliques concaves ou convexes, mais plus généralement concaves, à l'aide desquels ils lisent clairement l'avenir ou décrivent des scènes qui se passent très loin d'eux.

La fabrication des miroirs magiques était connue des Romains, qui en faisaient un fréquent usage [8].

Cornélius Agrippa [9] nous informe que de pareils miroirs, trouvés dans les mains de certaines personnes, les ont fait accuser de sorcellerie, et que leur possession mit souvent en péril les sorciers.

Muratori nous apprend, de son côté, que Martin della Scala fit mettre à mort l'évêque de Vérone, sous l'oreiller duquel on avait trouvé un miroir magique. Ce miroir portait, sur son revers, le mot de Fiore (fleur), que les sorciers appliquaient au diable ; ce qui est confirmé par la confession de saint Cyprien, qui dit en effet que le diable apparaissait parfois sous la forme d'une fleur.

On trouva un pareil miroir dans la maison de Calas de Rienzi [10].

La reine-mère, Catherine de Medicis, possédait un miroir magique très puissant, avec lequel elle voyait tout ce qui se passait en France.

Le Mercure Français de 1609, page 348, nous apprend qu'en cette même année, on brûla en place de Grève un sorcier normand, Saint-Germain, pour avoir fait usage de miroirs magiques, en compagnie d'une femme et d'un médecin.

Les matières employées à la confection ou à la fabrication des miroirs magiques sont très diverses ; on utilise, en effet, des métaux, du verre, du cristal, du carton, du noir de fumée, du vernis noir à l'esprit de vin, etc.

Leur forme aussi est très variée : ils sont circulaires, en boules, planes, concaves ou convexes, etc.

Il existe des miroirs théurgiques, des sorciers, des miroirs magnétiques, narcotiques, galvaniques, cabalistiques.

D'autres portent le nom de leurs inventeurs ou de leurs protecteurs ; c'est ainsi qu'il y a un miroir magique de Cagliostro, de Swedenborg, de Dupotet, etc., etc.

C'est même cette variété, cette diversité, qui fait qu'on ne peut pas dire qu'il existe une théorie des miroirs magiques, mais, d'une manière générale, il est établi que le miroir magique sert à arrêter le regard du clairvoyant, du médium, à te fixer sur un point, d'où hypnotisme, autosuggestion, dégagement astral, autant de moyens qui permettent de prédire l'avenir et de voir le présent ou le passé.

La médiumnité au Marc de café n'est qu'une variété du miroir magique, l'assiette au marc faisant ce dernier office. Nous pourrions fournir encore de nombreux détails sur les miroirs magiques, mais nous devons nous borner et passer aux PANTACLES, qui sont des sortes de Talismans (nous parlons de ceux-ci un peu plus loin).

Le Pantacle est à la fois une figure symbolique et synthétique qui renferme en elle, une série d'enseignements que l'Initié doit savoir développer et analyser dans tous ses détails. Pour expliquer les Pantacles, on doit tout d'abord décomposer la figure en ses éléments, puis voir la situation qu'occupent ces mêmes éléments. (Pour d'autres détails sur les Pantacles, voir Dictionnaire de la science occulte, page 188, tome II.)

Les TALISMANS sont des objets quelconques, consacrés par certaines cérémonies ou Rites et qui, portés sur soi, vous, protègent dans une certaine mesure de maladies, de malheurs, d'accidents quelconques. Les talismans ont aussi la propriété de procurer le bonheur ou le succès dans certaines entreprises. Ajoutons que les Talismans n'ont une valeur véritable qu'autant que celui qui les porte a foi en cette valeur ; ainsi donc, tout réside dans l'intention ; puisqu'ils opèrent en partie par une sorte d'autosuggestion.

À ce sujet, Eliphas Lévi nous dit :

« Les Talismans ressemblent en cela à la Sainte Hostie catholique, qui est le salut pour les justes et la damnation pour les pécheurs et qui, ainsi, suivant les dispositions de celui qui la reçoit réalise Dieu ou le diable.

« La consécration du Talisman est un pacte, qu'on fait avec le bien, si votre intention est pure et avec le mal, si votre intention est mauvaise ; or c'est une mauvaise intention que de vouloir acquérir une puissance exceptionnelle qui vous rende supérieur aux autres hommes, quand même vous ne voudriez user de cette puissance que pour faire le bien, car suivant la parole de l'initiateur des chrétiens « celui qui s'exalte sera humilié et celui qui s'humilie sera exalté. »

On peut considérer comme Talisman, le Mézuzoth, un petit rouleau de parchemin que les Israélites placent dans le chambranle des portes de leur maison ou qu'ils portent sur eux, enfermé dans un petit étui. C'est pour se conformer au Deutéronome, que les Juifs enchâssent le Mézuzoth dans les chambranles de bois [11], car il y est dit : « Vous n'oublierez jamais la loi de Dieu ; vous la graverez sur le chambranle de vos portes ».

Le parchemin qui contient les passages du Deutéronome est roulé et inséré dans un tuyau de roseau ou placé dans un petit bijou d'or ou d'argent et sur l'extrémité du tube on grave le mot Sadaï, qui est l'un des noms de Dieu.

Les Pierres précieuses sont souvent utilisées, comme Talismans, mais on ne doit pas oublier qu'elles ont leur vertu propre.

Peuvent être rangés encore, comme modes d'action utilisés par la Magie, les Philtres, les Tatouages, enfin, le Satanisme ; ce dernier relevant uniquement de la Magie noire.

Après ces quelques données succinctes sur la Magie en général, nous parlerons de l'Hermétisme dans le chapitre suivant.

1. Voir à ce sujet ISIS DÉVOILÉE ou Égyptologie sacrée vol. in-12, 2$^e$ Ed. Paris 1900.

2. 2 vol. in-12. illustrés, Paris, Chacornac.

3. Au sujet des couronnes, comme transfert et moyen de guérison, nous engageons le lecteur à lire le terme Couronne Magique dans notre DICTIONNAIRE DE LA SCIENCE OCCULTE, V$^e$ COURONNE.

4. In SAINT-AUGUSTIN, De civitate Dei, VII, 35.

5. SPARTIANUS, Did. Julian, VII.

6. Cf. DUCANGE, Glossarium mediœve et infimœ latinitatis, V$^e$ SPECULARII.

7. Description du cabinet Blacas, tome II, p 401 et 402.

8. Voy. AULU GELLE, Noct. attic, XVI, XVIII : « Ut spéculum in loco, certo positum nihil imaginet aliorum que translatum faciat imagines. »

9. De incertitudine et vanitate scientiarum, Cap. XXVI

10. Cf. MURATORI Scriptor. rerum Italicar. tome I, cal 293 et 515. – Cf. également WIERUS, Pseudomonarchia Dæmonum, lib. III, c. XII, 6.

11. (Cf. –Dictionnaire de l'art et de la curiosité, V$^e$ MEZUZOTH).

# Chapitre II

# L'Hermétisme. L'Alchimie

Après la Magie, nous étudierons l'Hermétisme , la Philosophie Hermétique ou Alchimie , dénommés également le GRAND ART, qui comprend la fabrication de la Pierre Philosophale , l'Élixir de vie ou Panacée universelle qu'on dénomme à tort Élixir de longue vie .

À en croire les Alchimistes la Philosophie Hermétique remonterait à la plus haute Antiquité, ce qui est probable, car anciennement, on n'étudiait pas les Sciences , mais la SCIENCE. Ce n'est que dans ces temps modernes qu'on a imaginé de découper la science par tranches, comme un melon. Toutes les sciences se tiennent et se donnent la main ; elles s'expliquent souvent l'une par l'autre. Autrefois, dans la haute Antiquité, tout ce qui était science était réuni en un seul corps de doctrine dénommé l'ART SACRÉ.

Dans ces temps modernes, c'est-à-dire depuis le Moyen âge, on comprend sous le terme générique de Philosophie Hermétique , l'Alchimie, la Pierre Philosophale ou Transmutation des métaux, la Panacée Universelle, le Grand Œuvre, c'est-à-dire l'art de transmuer les métaux en or et de produire cette eau merveilleuse ou Élixir de vie qui donne non seulement la sauté, mais une jeunesse éternelle. Et ce n'est pas tout encore, car beaucoup d'Adeptes comprennent également sous ce terme, le moyen de tirer du néant une créature en tous points semblable à l'homme ; c'est ainsi qu'on aurait créé un Androïde .

Mais nous devons ajouter immédiatement que l'ambition de l'Adepte ne va pas jusqu'à créer l'homme. Cette ambition se borne à fournir les moyens de changer tous les métaux en or (ce qui est déjà fort joli) et à tirer des mêmes éléments une poudre ou liqueur qui a la propriété de prolonger la vie au-delà des bornes que lui assigne la nature et de maintenir l'homme en bonne santé, dans une jeunesse éternelle.

Si nous en croyons les Alchimistes, ce merveilleux secret a été trouvé plusieurs fois, car Raymond Lulle, Paracelse, Nicolas Flamel, Emmens, Strindberg, Clavenad et d'autres encore l'ont possédé, ce qui n'est pas étonnant, puisque Nicolas Flamel nous apprend que la conduite du Grand-Œuvre offre si peu de difficultés :

> Qu'une femme, filant fusée,
> N'en serait du tout détournée ! …

Malgré cela, le secret ne court pas encore les rues, comme nous allons voir.

Van Helmont aurait vu, touché et possédé de la poudre de projection ou Pierre Philosophale. Elle avait, dit-il, la couleur du safran en poudre et elle brillait comme du verre pulvérisé. On lui en donna un quart de grain, qu'il jeta dans 8 onces de mercure, qui fut changé en argent très pur.

Ajoutons enfin, qu'indépendamment de la transmutation des métaux, les Alchimistes ont le pouvoir de donner aux Pierres précieuses une beauté et une perfection qu'elles n'ont pas naturellement, ainsi qu'aux perles abîmées, l'Orient qu'elles ont perdues.

Ne sont que des modifications de la Pierre Philosophale : le Grand Arcane, le Restaurateur des Pierres précieuses, l'Or potable, la Teinture ou Pierre des philosophes, l'Élixir Universel, l'Eau de Soleil, la Poudre de projection. Tous ces produits, transmutent, guérissent, donnent la fortune, la jeunesse, une très longue vie et exemptent d'infirmités. Qu'y a-t-il de vrai dans tout ce qui précède ? Nous allons le direct nous pouvons le certifier vrai au lecteur.

La Pierre Philosophale n'est pas un mythe, elle a existé et dans l'Antiquité, les Rois d'Égypte ont fabriqué de l'or avec son secours. Au Moyen âge, on a également opéré des transmutations et, de nos jours, divers contemporains en ont opéré également.

Les Alchimistes modernes se nomment : Théodore Tiffereau, Auguste Strindberg, Clavenad et le D$^r$ H. Emmens. Ce dernier a même vendu en Amérique plusieurs lingots à un hôtel des monnaies ; son procédé aurait été acheté par une puissante Compagnie et cependant le taux de l'or ne baisse pas.

Le D$^r$ H. Emmens appelle son or transmuté Argentaurum.

L'Alchimie n'est donc pas morte, comme on le croit trop généralement, elle est plus vivace que jamais, elle a même en France un journal l'Hyperchimie, dénommé aujourd'hui Rosa mystica qui compte une dizaine de rédacteurs et une société ; la Société Alchimique de France qui, espérons-le, fabriquera un jour assez d'or pour détruire la misère contemporaine ; mais qu'elle se hâte, car la misère est encore fort grande à notre époque où nous possédons tant d'Alchimistes !...

C'est d'autant plus nécessaire, que la guerre contre les Boërs qui a tant duré, empêchera que l'exploitation des mines d'or du Sud-Africain ne fournissent de longtemps encore, l'or qu'on était accoutumé à en recevoir.

Malgré ce qui précède, beaucoup de savants ne croient pas à l'Alchimie, notre grand Naturaliste Cuvier, la regardait comme une rêverie du Moyen-âge, inconnue de l'Antiquité. Il prétendait même que les Livres d'Hermès étaient certainement supposés et qu'ils avaient été écrits par des Grecs du Bas-Empire. – Cuvier était dans l'erreur, nous l'avons démontré ci-dessus et la fin du présent chapitre le prouvera d'une manière plus évidente encore.

L'Église qui a toujours interdit au vulgaire l'étude des Sciences Occultes, les a protégé en secret ; elle les faisait étudier dans les cloîtres et dans les laboratoires des Théologiens. Elle considérait la Science Occulte, comme une lointaine tradition des clartés que Dieu laisse entrevoir à certains de ses élus ; du reste l'Église a toujours considéré toute science comme venant de Dieu ; donc toute science est théologique, bien plus, divine.

Nous pourrions même nommer un grand nombre de papes qui se sont occupé plus ou moins d'Alchimie, d'Hermétisme et d'Occultisme, notamment Sylvestre II, Honorius III, Urbain V, et Léon III, qui a publié à Rome en 1660 un Enchiridion qu'il a dédié à Charlemagne qui en avait fait presque son livre de chevet.

Parmi les prélats Hermétistes nous pouvons encore mentionner saint Denis l'aréopagite, évêque d'Athènes ; saint Césaire, évêque d'Arles ; saint Malachie, archevêque d'Armagh ; Synésius, évêque de Ptolémaïs, disciple d'Hypathie ; Nicéphore, patriarche de Constantinople ; Albert-le-Grand, de l'ordre de saint Dominique, maître du sacré Palais ; Jean de Muller, dit Regiomontanus, évêque de Ratisbonne ; Léopold, duc d'Autriche, évêque de Freysing ; le cardinal d'Ailly, chancelier de l'Université de France ; les cardinaux Cusa et Cajetan ; Giovanni Ingegnieri, évêque de Caserte, Uldetric de Fronsperg, évêque de Trente ; Adrien Siclair, médecin de Neufville, archevêque de Lyon ; etc., etc.

Mentionnons ici, le jésuite Kircher, Guillaume Postal ; le Bénédictin, Trithème, le Franciscain Raymond Lulle, Joachin de Célico, abbé Cistercien de Corazzo.

Bien des rois, des Empereurs et des princes ont également étudié et protégé l'Alchimie, notamment Alphonse X, roi d'Espagne, Charles V de France, Rodolphe II, empereur d'Allemagne, C'est sous Charles V que fût fondé en 1370 le collège de Maître Gervais qui avait pour objet d'enseigner l'astrologie dans ses rapports avec la médecine, l'Alchimie et la science occulte, Urbain V confirma par une bulle le privilège de ce collège.

Nous ayons dit ci-dessus que Cuvier avait commis une grande erreur en ne faisant remonter l'étude de l'Alchimie qu'au Moyen-âge, en effet, dès les temps les plus reculés l'Hermétisme ou Alchimie a été l'objet de profondes études. Nous avons vu que les rois d'Égypte les Pharaons produisaient de l'or. Pline,[1] nous apprend que Calligula réussit à tirer de l'or d'une grande quantité d'orpiment.

Une tradition rapportée par Orose au commencement du V^e siècle et recueillie par Suidas nous apprend que Dioclétien désespérant de pouvoir réduire les insurrections en Égypte, ordonna la destruction de tous les livres de chimie, parce qu'il voyait dans ceux-ci le secret de leur richesse et de leur force de résistance.

Ce qui a porté un grand préjudice à l'alchimie, c'est qu'à côté des Philosophes Hermétiques ou vrais Philosophes, il existait une foule de souffleurs ou faux-alchimistes, qui cherchaient à faire de l'or immédiatement avec les matières qu'ils employaient, tandis que les alchimistes cherchent à faire une quintessence qui puisse servir de Panacée Universelle pour guérir les infirmités du corps humain et un élixir pour transmuer ou transmuter les métaux imparfaits (fer, cuivre, plomb, étain), en métal parfait, en or.

Les Égyptiens n'ont jamais étudié que cette quintessence et cet élixir ; c'est cet art seul qui était étudié par les Hiérophantes et dont ils faisaient un grand mystère.

Nous donnerons ici pour terminer ce chapitre une nomenclature des principaux alchimistes :

Abbas Westmonasteriensis ; Alosius Marlianus ; Augustinus Pautheus Venetus ; Œgedius de Vadis, Œgedius magister hospitalis ; author Rosarü abbreviati.

Bauran Philosophus egregius.

Daniel intetractationibus ; Dominicus Episcopus ; Durandus monachus.

Eduardus Kellœ, Efferarium monachus (Nicolas Flamel.)

Garsia Cardinolis, Gilbertus Cardinalis, Gratianus.

Hortolanus Janus Lacinius ; Joannes de Aquino ; Joannes Theabanus ; Johannes de Rupescissa ; Joannes Aurelianus ; Joannes Austri, Joannes Chrysippus Fanianus ; Joannes Dastinus Anglus ; Joannes de Sacrobosco ; Johannes Dunsscotus.

Ludovicus Lazarellas.

Marcellus Palinginesis ; Melchior libinensis Ungar ; Micael ou Michael Scott.

Petrus bonus ferarius ; Petrus Monachus ; Petrus de Zalento ; Philippus de Ravilasco ; Prior Alexandriæ Philosophus.

Raymond Lulle ; Raymundus Massiliensis ; Richardus Anglicus ; Riplœus (Georgius).

Scotus Philosophus ; Stephanus.

Thomas Aquinus Italicus.

ALCHIMISTES ARABES : Avicenne Abudali Alchindus ; Hamel surnommé Senior ; Rosinus Arthephius

ÉCRITS ANONYMES : Aurora consurgens ; clangor Buccinœ ; Scala philosophorum ; Thésaurus Philosophiœ ; Turba Philosophorum, seu Codex veritatis.

---

[1] HIST. NAT. livre XXIII, chap. 4 .

# Chapitre III

# De la divination

Dès la plus haute Antiquité l'homme a cherché à connaître l'Avenir, il n'y a rien d'étonnant dans ce fait.

Fort inquiet, en effet, sur le sort qui l'attendait, ayant beaucoup de peine à pourvoir à ses premiers besoins, à se procurer même sa nourriture, on comprend que l'Avenir préoccupât l'homme primitif par-dessus toute autre chose. Il consulta donc les devins, les sorciers et les Magistes ; il ne faut pas confondre ces derniers avec les Mages.

Les devins, les sorciers et les magistes furent certainement les premiers hommes qui exercèrent une sorte de sacerdoce en faisant croire à ceux qui venaient les consulter qu'ils étaient les intermédiaires entre eux et les Divinités ou Dieux !...

La Divination, la Sorcellerie et la Magie ont été sans contredit les premières religions de l'humanité. (Si l'on peut toutefois dénommer ainsi la superstition), car l'homme étant né avec un profond sentiment de religiosité, a toujours adoré des Dieux ; c'est là un fait presque indiscutable.

Avant de calculer le cours des astres pour chercher à lire sa destinée dans les cieux (astrologiques) l'homme a commencé par interroger les morts, ainsi que les songes pour connaître l'avenir, aussi considère-t-on l'Onéiromancie et la Nécromancie, comme les premières branches de la Divination.

Puis, il étudia les astres, de là naquit l'Astrologie.

### De l'astrologie judiciaire

Cette science dénommée très anciennement Science Chaldaïque témoigne qu'elle est originaire de la Kaldée. C'est donc bien à tort qu'Hérodote en rétribue l'invention aux Égyptiens. Du reste Cicéron [1] Diodore de Sicile, Horace [2] Manille [3] et autres auteurs l'attribuent aux Kaldéens, Bérose et Eupalème font remonter à Abraham la connaissance des choses célestes, ainsi que la création de l'Astrologie judiciaire ; c'est Eusèbe qui nous l'apprend [4].

Selon Suidas, Zoroastre et Ostanès en seraient les créateurs [5].

Un passage d'Isaïe nous apprend que l'art de prédire l'avenir par les astres était fort ancien à Babylone : « Appelle maintenant à ton secours, dit le Prophète [6] s'adressant à Babylone, les Augures qui observaient les astres et qui supputaient les mois, pour te prédire l'avenir.

Chez les Grecs, c'est un des sept Sages, Chilon, qui étudia le premier l'Astrologie. Il soutenait que la chaleur, l'humidité, le froid et le sec sont les quatre éléments, dont le mélange, à des doses diverses, crée le tempérament des hommes, que la chaleur et l'humidité servent à la génération, à la naissance et le froid et le sec à la destruction des corps.

Les Astrologues avaient commencé la division du Zodiaque au point de l'équinoxe du printemps, de ce point jusqu'au tropique, ils divisèrent cet espace en trois constellations, qu'ils nommèrent respectivement, le Bélier, le Taureau et les Gémeaux. De ce même point du tropique, jusqu'au point de l'équinoxe d'automne, ils créèrent trois autres points respectivement désignés sous le nom de Cancer, Lion et Vierge ; les trois divisions suivantes partant de l'Équinoxe d'automne furent nommées : la Balance, le Scorpion et le Sagittaire ; enfin à partir du tropique de l'hiver jusqu'à l'équinoxe d'été, les trois nouvelles divisions se nommèrent : le Capricorne, le Verseau et les Poissons.

Le nom de Zodiaque est dérivé du terme grec Ζωον (animal) parce que les douze figures comportent des noms d'animaux, car le Verseau Amphora s'exprime aussi par Aquarius , c'est-à-dire un jeune homme versant l'eau d'une urne. Deux vers latins donnent dans leur rang les noms des douze signes du Zodiaque :

Sunt aries, taurus, gemini, cancer, leo, pirgo, Libraque, Scorpius, arcitcneus, caper, amphora, pisces.

Au sujet du Zodiaque, Pétrone fait dire à Trimalcion, dans une de ses satires, des choses assez curieuses et qui ont tout l'air d'une critique des dépenses que fit Néron, pour connaître l'avenir ; « Le ciel habité par douze Divinités, se convertit en autant de figures ; il commence patte Bélier, Quiconque naît sous ce signe est riche en troupeaux et en laine, il a la tête dure et le regard altier, aussi est-il redoutable à ses ennemis. Ce signe a beaucoup d'empire sur les écoliers.

« Nous applaudîmes à la subtilité de ce bélier d'astrologue, aussi encouragé par nos louanges, il continua ainsi. Le ciel prend ensuite la forme d'un gentil Taureau ; ceux qui naissent alors sont enclins à tuer et portés à aimer les bêtes à cornes ; ils ne cherchent point à vivre aux dépens d'autrui. Les Jumeaux président à tout ce qui marche par couple : les chars, les charrues, les marques de la virilité, et ceux qui mangent volontiers à deux râteliers. – Quant à moi dit Trimalcion, je suis né sous le Cancer, ce qui fait que j'ai beaucoup d'appui et de grandes possessions sur terre et sur mer ; car cet animal est en même temps terrestre et aquatique. – Sous le Lion, naissent les gourmands voraces et ceux qui ont l'humeur impérieuse. La Vierge domine sur les femmes et sur ceux qui sont sujets à fuir devant l'ennemi et à se rendre prisonniers ; la Balance domine sur les bouchers et sur ceux qui se mêlent des affaires d'autrui ; le Scorpion sur les empoisonneurs et les assassins ; le Sagittaire sur les louches qui font semblant de regarder les légumes et qui emportent le lard.

La Capricorne est le signe des malencontreux, qui deviennent cornus pour leurs calamités pitoyables. Le Verseau a sous son empire les cabaretiers et les citrouilles. Sous les Poissons sont les traiteurs et les rhéteurs. Ainsi la face du ciel tourne comme une meule de moulin et les influences envoient toujours des maux aux hommes, en les faisant naître et mourir.

On voit qu'à toutes les époques les hommes pour faire de l'esprit ont toujours plaisanté les choses les plus sérieuses ; mais passons.

Les anciens Astrologues, après avoir divisé en douze signes ou Maisons, le Zodiaque, ont subdivisé chaque signe en trente degrés pour composer le nombre 360, nombre diviseur de chaque cercle.

D'Après les Astrologues, les Planètes ont une grande influence sur les hommes. Le corps humain disent-ils, est soumis à des dominations diverses. Ainsi, suivant les Astrologues Arabes, le Soleil préside au cerveau, au cœur, à la moelle épinière et à l'œil droit ; Mercure à la langue, à la bouche, aux mains, aux jambes et à l'imagination ; Saturne à la rate, au foie et à l'oreille gauche ; Jupiter à la poitrine, au nombril et aux intestins ; Mars au sang, au chyle, aux reins, aux passions ; Vénus à la chair, à l'embonpoint et à la génération ; bien qu'à la Lune soit attribué tous les membres, celle-ci exerce cependant plus particulièrement son influence sur le cerveau, les poumons, l'estomac, l'œil gauche, la narine (respiration lunaire) [7] et la vigueur de la croissance.

Hermès Trismègiste fait remarquer que la tête comporte sept trous qui correspondent aux sept planètes ; l'oreille droite à Saturne, la gauche à Jupiter, la narine droite à Mars, la gauche à Vénus, l'œil droit au Soleil, le gauche à la Lune et la bouche à Mercure. On voit que, comme les signes du Zodiaque, les planètes influent et protègent, par conséquent, les membres du corps de l'homme. On peut à ce sujet consulter Isis Dévoilée passim.

À ce qui précède, nous ajouterons que Saturne a sous sa dépendance la mélancolie, Jupiter les honneurs, Mars la colère, le Soleil la gloire, Vénus l'amour, Mercure l'éloquence et la Lune les choses de la vie usuelle.

Buxtorf, dans son Lexique Talmudique, prétend que le naturel de chaque individu suit l'influence de la planète sous laquelle il est né. Celui qui est né sous le Soleil est beau, franc, généreux, celui né sous l'influence de Vénus est riche, fastueux et lascif ; ceux qui sont nés sous Mercure, sont adroits et doués d'une excellente mémoire ; les Lunatiques sont inconstants et valétudinaires, les Saturniens infortunés, les Jupitériens, illustres et équitables, les Martiens, braves et heureux. Agrippa, dans sa Philosophie occulte [8], nous dit que les royaumes et provinces subissent les influences célestes, ainsi, Mars et le Bélier gouvernent la France ; il nous dit aussi que les couleurs mêmes sont caractéristiques des planètes : ainsi le Noir appartient à Saturne, le bleu à Jupiter, le rouge à Mars, le jaune d'or au Soleil, le vert à Vénus, le blanc à la Lune, les couleurs variées à Mercure.

DES DOUZES MAISONS DU SOLEIL.– La vertu des maisons du Soleil est un des grands mystères de l'Astrologie.

Les Astrologues ont divisé le jour en quatre parties qu'ils ont subdivisées en trois chacune qui correspondent ainsi aux douze signes du Zodiaque. – La première maison appelée l'ascendant et l'angle de l'Orient se rapporte à la vie et à la constitution du corps ; la seconde aux biens mobiliers et d'acquisition ; la troisième aux frères et aux parents ; la quatrième aux biens immeubles et au patrimoine ; la cinquième aux enfants et à la joie ; la sixième aux domestiques et aux malades ; la septième aux femmes et aux ennemis avérés ; la huitième à la mort et aux héritages ; la neuvième à la religion et aux voyages ; la dixième aux honneurs et dignités ; la onzième aux amis et à la prospérité enfin la douzième à la prison et aux ennemis cachés.

Suivant les maisons qu'elles habitent, les planètes exercent des propriétés nuisibles ou favorables. Chaque planète a un domicile propre nommé Maison et un autre moins habituel nommé Exaltation , un troisième dénommé sa décadence , enfin un quatrième très défavorable appelé Sa chute .

Ainsi le Soleil a pour maison le Lion, pour exaltation le Bélier, pour décadence le Verseau et pour chute la Balance [2] . La lune a pour maison l'Écrevisse, pour exaltation le Taureau, pour décadence le Capricorne et pour chute, le Scorpion. Mercure a pour Maison les Jumeaux, pour exaltation la Vierge, pour décadence le Sagittaire et pour chute, les Poissons ; Vénus a pour maison, la Balance et le Taureau, pour exaltation les Poissons, pour décadence le Bélier et le Scorpion et pour chute la Vierge. Mars a pour maison le Bélier et le Scorpion, pour exaltation le Capricorne, pour décadence la balance et le taureau et pour chute l'Écrevisse. Jupiter a pour maison le Sagittaire et les Poissons, pour exaltation l'Écrevisse, pour décadence les Jumeaux et la Vierge et pour chute le Capricorne, Saturne a pour maison le Capricorne, pour exaltation le Verseau, pour décadence l'Écrevisse et pour chute le Lion.

Ptolémée a établi six aspects ou familiarités : la Conjonction, quand deux planètes sont dans le même signe ; l'Opposition, qui coupe le cercle en deux parties égales, c'est-à-dire de 180 degrés le Trine, qui coupe le cercle en trois parties égales soit à 120 degrés, le Quadrat ou éloignement de trois signes qui coupe le cercle en quatre parties égales soit à 90 degrés ; le Sextil ou hexagone qui le coupe en six parties égales soit à 60 degrés, enfin le sixième aspect est dénommé l'Antisce, il a lieu, quand deux corps célestes posés sur une même ligne dénommée Cercle déposition, à l'égard de la terre, forment une ligne parallèle ou équidistante du point équinoxial.

Quelques astrologues ont ajouté aux configurations qui précèdent : l'Octile qui a 40 degrés et coupe dès lors le cercle en huit parties égales et le Duodé cite de 30 degrés qui coupe le cercle en douze parties.

Nous n'insisterons pas davantage sur l'Astrologie, c'est une très grande science, dont l'étude demanderait beaucoup de travail, de soins, d'application et un très haut savoir.

À notre époque peu d'astrologues sont capables de dresser convenablement un thème généthliaque et on pourrait appliquer à un grand nombre d'entre eux la définition que Hobes donne dans son De homine de l'astrologie judiciaire. « Un stratagème pour se garantir de la faim aux dépens des sots. »

De ce qu'un grand nombre d'individus ont abusé d'une science, il ne s'en suit pas qu'elle soit fausse ; de ce que les prédictions des astrologues ne sont pas toujours justes, il ne s'en suit pas que l'Astrologie ne soit pas une science ; les erreurs, les fausses conjectures peuvent survenir par la faute de l'astrologue et non par celle de l'Astrologie.

La vérité, c'est que l'Astrologie est une science très longue à apprendre, qu'elle a toujours été cultivée et pratiquée par les grands personnages, qui s'en sont servis très souvent pour la conduite et le gouvernement de leur empire ; que beaucoup de Cours avaient des astrologues attitrés.

Après l'Astrologie, nous étudierons les autres modes de divination, qui sont extrêmement nombreux, nous classerons les mandes diverses par ordre alphabétique pour donner plus de clarté à notre travail.

---

1. De DIvinatione , lib. I.

2. Horace lib, I ; Ode II –…. Primique artem (chaldœi ).

3. Manille lib. I. : Sideribus videra vagis pendentia fata .

4. Eusèbe. Præpar. Evang. lib. 9.

5. Vis. Astronomia et Zoroatter .

6. Isaïe. c. 47, v. 13.

7. Voir le LIVRE DES RESPIRATIONS ou l'Art de respirer un voi. in-12, Paris Chamuel 1899.

8. LIV. I, cap . 31 et LIVRE I, c. 49 et de vanitate scientiarum c. 81.

9. Le nobi. tabl. des philosophes, liv. 6.

## Des divers modes de divination

En dehors de l'Astrologie, les modes de divination sont si nombreux que leur description pourrait à elle seule fournir la matière d'un volume ; aussi nous bornerons-nous à en donner une nomenclature, avec des explications très succinctes, renvoyant aux ouvrages spéciaux, ceux de nos lecteurs qui désireraient une description plus ample des divers modes de Divination ; notamment au DICTIONNAIRE D'ORIENTALISME d'Occultisme et de Psychologie.

Voici les principaux modes de divination :

ALGOMANCIE.– Prédiction de l'avenir en observant les mouvements désordonnés d'une chèvre et sa manière de bêler.

ALAZLAM, voir plus loin Bélomancie.

ALECTROMANCIE ou ALECTRYOMANCIE.– Art de prédire l'avenir avec le concours d'un coq ou d'une poule. – Voir de Lancre, p 235. L'incrédulité et mescréances du sortilège pleinement convaincue, Paris 1627.

ALEUROMANCIE et ALVEROMANCIE.– Prédiction de l'avenir à l'aide de petits bouts de papier, contenant des réponses et enfermés dans de la pâte de farine. Voici ce que le P. de Lancre nous dit dans l'ouvrage ci-dessus mentionné, au sujet de ce mode de Divination, p 233.

« C'était une Divination par l'orge et la farine, desquels devins se servaient ès-sacrifices ou bien pour faire des pains ou des gâteaux ou bien encore pour épandre sur les victimes, ainsi que nous l'apprennent les poètes latins, Denis d'Halicarnasse et autres écrivains. – Théodore Balsamon fait mention de certaines femmes, lesquelles avec de l'orge prédisaient tout ce qui était ignoré des autres personnes.

ALOMANCIE.– Divination au moyen du sel qu'on jette dans le feu, et dont les crépitements permettent aux devins de tirer des pronostics.

ALPHITOMANCIE.– Mode de divination pratique au moyen de la farine plus particulièrement avec celle de maïs.

AMNIOMANCIE.– Mode de divination pratiqué au moyen de la membrane amniotique, c'est-à-dire de la pellicule graisseuse qui enveloppe la tête de certains enfants au moment de leur naissance.

On donne à cette membrane le nom de coiffe et des enfants qui la portent, on dit qu'ils sont nés coiffés ; ils ont dit-on beaucoup de chance dans la vie.

ANEMOSCOPIE.– On utilise dans ce mode de divination les vents, leurs forces, leur direction, etc.

ANTHRACOMANCIE.– Divination au moyen du charbon de terre, sur la surface duquel le devin voit des signes, au moyen desquels il tire des pronostics.

ANTHROPOMANCIE.– Ce mode de divination n'était en usage que chez les peuples qui faisaient des sacrifices humains, puisque c'était par l'inspection des entrailles de l'homme que le devin dévoilait l'avenir.

APANTOMANCIE.– Divination qui s'accomplit à l'aide de toutes sortes d'objets qui se présentent à la vue du devin.

ARTHMANCIE et ARITHMOMANCIE.– L'art de divination à l'aide de l'étude des nombres et des chiffres.

ARMOMANCIE.– Divination pratiquée au moyen d'une épaule (Αρμος) de mouton surtout, par son inspection.

ASPIDOMANCIE.– Mode de divination utilisé dans l'Inde à l'aide d'un bouclier (Ασπιδος), d'où son nom.

ASTEROSCOPIE.– Mode divinatoire, qui associe la magie à l'astrologie et dont on attribue l'invention aux Cariens [10].

ASTRAGALOMANCIE.– Divination au moyen des vertèbres du cou, sur lesquelles on a écrit les lettres de l'alphabet ; on mêle ces osselets, puis on en tire un certain nombre au hasard, et à l'aide des lettres fournies par les ossements, le devin forme des mots qui lui permettent de tirer des pronostics et de répondre aux questions posées.

ASTROLOGIE ou ASTROMANCIE – Comme nous l'avons vu ci-dessus l'astrologie est l'art de prédire l'avenir au moyen de l'étude des astres.

AXIOMANCIE.– Mode de divination judiciaire, employé dès la plus haute Antiquité ; on le pratiquait de diverses manières à l'aide d'une hache (Αχσις), d'où son nom.

BACTROMANCIE – Ce mode de divination s'accomplit à l'aide d'un crapaud ; il est des plus variés.

BELOMANCIE – Mode de divination au moyen des flèches, on l'opère de plusieurs manières. Il est usité en Orient principalement chez les Arabes qui le nomment Alazlam . Ce genre de divination a été employé par Nabuchodonosor comme nous l'apprend Ézéchiel [11] : « Le roi de Babylone (Nabuchodonosor) s'est arrêté sur le carrefour à la tête de deux routes ; il y a mêlé les flèches, il a interrogé les Idoles » et suivant la flèche amenée par le roi, il décida de prendre l'une ou l'autre route.

BIBLIOMANCIE – Divination au moyen d'un livre (Βιβλος ). Voici comment elle se pratique. On a un gros livre, généralement une Bible et avec une grosse épingle d'or ou d'argent, et à défaut de ceux-ci, d'un autre métal, on tire un présage ou un pronostic, d'après les premiers mots écrits en tête de la page désignée par l'endroit ouvert par l'épingle.

BOSTRYCHOMANCIE.– Divination au moyen des boucles de cheveux de la tête d'un jeune enfant ; suivant la disposition qu'ont ou que prennent les frisons de cette chevelure, le devin interprète, tel ou tel autre sens pour celui qui l'a consulté.

BOTANOMANCIE.– Divination qu'on obtient au moyen des feuilles ou des rameaux des arbres.

BRIZOMANCIE.– Divination par l'inspiration due à la Déesse du sommeil Brizo ; c'est en somme de l'ONÉIROCRITIE naturelle ; voir plus loin l'explication de ce dernier terme.

CAPNOMANCIE.– On utilise pour ce mode de divination la fumée provenant de graines oléagineuses qu'on a projetées dans un foyer quelconque ; on utilise également pour l'obtention de la fumée des plantes psychiques, telles que la verveine, le haschich ou chanvre Indien (Cannabis Indica ). etc., etc, [12].

CARTOMANCIE.– L'art de dévoiler l'avenir, au moyen des tarots ou des cartes. Ce mode de divination est trop connu du lecteur pour que nous ayons besoin d'insister, car il existe de nombreux traités de cartomancie, tant anciens que modernes. Ces derniers, du reste, ne sont guère que des reproductions des anciens ouvrages sur l'art de cartomancie.

CATOPTROMANCIE.– Divination au moyen des miroirs magiques, dont nous avons parlé ci-dessus, dans le chapitre premier qui traite de la magie. La catoptromancie a été employée dès la plus haute Antiquité, elle a été pratiquée par des modes très divers.

CÉPHALOMANCIE.– Art de deviner au moyen de la tête d'un animal bouillie, mais plus spécialement avec une tête d'âne, dont on arrache les chairs cuites et de celles-ci, on tire des présages.

CHAOMANCIE.– Divination pratiquée par l'analyse de l'air ; elle était surtout utilisée par les Alchimistes du Moyen Âge et de l'époque de la Renaissance.

CHIROMANCIE.– Divination qu'on pratique par l'interprétation des lignes de la paume de la main, qu'on dénomme aussi lignes astrales , parce qu'elles sont placées à côté des monts dits de Jupiter, d'Apollon, de Vénus, de Saturne. Il existe un grand nombre de Traités de chiromancie ; l'un des plus curieux sans contredit est celui de Philippe May de Franconie qui, sur bien des points assez importants, est en contradiction flagrante avec les autres chiromancies parues, avant et après Ph. May. Divers auteurs compétents, notamment

Guymiot estiment beaucoup ce traité qui est très rarissime, introuvable même [13].

Par les lignes de la main, un bon chiromancien peut voir tout le passé et l'avenir d'une individualité.

On dit aussi Chiroscopie , mais le terme est beaucoup moins usité.

CLÉDONISMANCIE.– Mode de divination usité en Orient qui consiste à donner certaines interprétations, à des phrases ou à des mots prononcés d'une certaine façon ou avec des intonations diverses.

CLÉDONOMANCIE ou CLÉIDOMANCIE.– C'est à l'aide d'une clé qu'on pratique ce mode de divination employé surtout pour découvrir un criminel. – Il est encore pratiqué de nos jours en Russie.

CLÉROMANCIE.– Divination pratiquée, au moyen de dés, de fèves, de cailloux, d'osselets, etc., et qui prend dès lors des noms divers. Astragalomancie, Cubomancie, Béphomancie, Pissomancie, etc., etc.

COSQUINOMANCIE.– Divination pratiquée, au moyen d'un crible, sas ou tamis et qui a été usité dans une très haute Antiquité.

CRANINOMANCIE.– Art de deviner par l'inspection d'un crâne les qualités ou défauts, les passions ou les vices d'une personne.

Le D$^r$ Gall et son disciple Spurzeim ont codifié pour ainsi dire, les lois de la Craninomancie, qu'on dénomme également, Craninologie et Craninoscopie.

CRISTALLOMANCIE.– Divination qu'on pratique à l'aide de cristaux.

Le devin regarde d'une manière fixe des objets en cristal ; il y voit bientôt des figures, qui lui permettent de tirer des conclusions pour le consultant.

CRITOMANCIE.– On pratiquait dans l'Antiquité ce genre de divination en observant la farine, la pâte et les gâteaux offerts en sacrifice.

CROMNIOMANCIE.– Divination qu'on obtient au moyen des oignons, et qui se pratiquait surtout à la vieille de la Noël.

CUBOMANCIE.– Divination qu'on fait aux moyens de dés ou cubes, surtout de bois et plus spécialement de bois de laurier ; on écrit les lettres de l'alphabet sur 24 dés, puis après les avoir mêlés, le consultant les tire et les dispose à la suite les uns des autres et le devin lit par suite des mots ainsi formés, l'avenir pour le consultant.

CYANOMANCIE.– Divination qu'on fait en observant la démarche et surtout les cris des chiens ; ce mode de divination est fort ancien.

DACTYLOMANCIE.– Divination qu'on pratique au moyen de bagues ou anneaux (Δακτυλος) qui étaient fondus sous l'influence de certaines constellations, ce qui leur donnait des pouvoirs, ou Charmes. Quand ces Anneaux Constellés portent gravés sur leur surface des sentences, ou des caractères magiques, ils constituent des Talismans.

DAPHNOMANCIE. Divination dans laquelle on utilise les feuilles de laurier (Δαφνη), on dit aussi dendromancie de (Δενδρος).

DEMONOMANCIE.– Divination en utilisant les forces démoniaques ou des mauvais Esprits. La démonomancie est une des branches de la Magie Noire, des plus dangereuses ; un grand nombre de cas de folies ou de passions démoniaques, n'ont souvent pas d'autre origine.

GAROSMANCIE ou GASTROMANCIE.– Divination pratiquée généralement par des Ventriloques, puisque c'est au moyen du ventre qu'elle est faite. L'art de Ventriloquie se nomme Engastrisme et le genre de devin qui exerce ce mode de divination se nomment Engastrimandres et Engastrimithes.

GÉLOSCOPIE.– Divination que le devin tire de la façon de rire d'une personne, il préjuge par ce mode de divination du caractère, des qualités ou des défauts du consultant.

GYROMANCIE.– Divination tirée des mouvements tournant du devin, qui parcourt un cercle sur lequel sont inscrites des lettres de l'alphabet ; le devin à force de courir sur le cercle tracé finit par s'étourdir et s'abat sur des lettres diverses, dont il tire des présages.

HÉMATOMANCIE et HÉMATOSCOPIE.– Divination pratiquée par l'inspection du sang qui jaillissait des victimes égorgées en sacrifice.

HÉPATOSCOPIE.– Divination faite par l'étude des entrailles des victimes égorgées pour être offertes en holocauste. Les prêtres qui, dans l'Antiquité, exerçaient cette fonction, se nommaient Hiéroscopes et Hiéromantes (Ιερος et Μαντειυ).

HIPPOMANCIE.– Genre de divination pratiquée surtout chez les Celtes et qui consistait à observer le mouvement qu'exécutaient les chevaux laissés en liberté dans les bois et forêts consacrés aux Dieux.

HOROSCOPIE.– Divination faite au moyen des horoscopes, c'est-à-dire en dressant le thème généthliaque d'une personne au moyen de l'Astrologie ou des constellations. On pouvait de la sorte prédire la destinée de la personne horoscopée. – Conférer à ce sujet Isis dévoilée ou l'Égyptologie sacrée, passim [14].

HYDROMANCIE.– Comme son nom l'indique, cette divination est faite au moyen de l'eau (υδορ). Il existe des moyens très divers de pratiquer ce genre de divination, également dénommé Hydroscopie et Higromancie.

ICTHYOMANCIE.– Divination faite par l'inspection des entrailles de poissons, ou bien par les secousses de ceux-ci, quand ils sont jetés hors de l'eau, sur le gazon.

LAMPADOMANCIE. Voy. LYCHNOMANCIE.

LECANOMANCIE.– Divination pratiquée au moyen d'un grand vase ou bassin rempli d'eau ; c'est, on le voit, un genre d'Hydromancie.

LIBANOMANCIE ou LEBANOMANCIE.– Divination pratiquée au moyen de l'encens et fort usité dans la haute Antiquité, c'était un mode de divination par la fumée. – Voyez ci-dessus CAPNOMANCIE.

LITHOMANCIE.– Divination qu'on pratiquait de diverses manières, mais en utilisant toujours de petites pierres ou des cailloux ; on les lançait les uns contre les autres et l'on tirait des pronostics du son que rendaient leur entrechoquement.

LYCHNOMANCIE.– Ce terme désigne la divination faite par l'inspection de la flamme d'une lampe, aussi désigne-t-on ce mode de divination Lampadomancie.

MARC DE CAFÉ. – Mode de divination tout moderne variation du mode dit de CATOPTROMANCIE (voir ci-dessus), le marc de café servant ici de miroir. Cette substance est promenée avec de l'eau dans une assiette ; purgée ensuite de son eau et suivant les figures que forme le marc, le devin en tire des présages.

MÉTÉOROSCOPIE.– Ce mode de divination n'est qu'une branche de l'astrologie, puisqu'il consiste à présager l'avenir à l'aide des météores célestes.

MÉTOSCOPIE et MÉTAPOSCOPIE.– Divination tirée des traits de la figure et plus particulièrement des rides du front et du visage.

Bien que très ancien, cet art ne possède pas de nombreux traités et surtout complets. Cicéron [15], Suétone [16], Juvénal [17], Velleius Paterculus [18], en ont parlé dans leurs divers ouvrages ; ce n'est guère qu'au XVIe siècle que Cardan a publié un véritable Traité de Métaposcopie .

Dans sa Chiromancie médicinale , Ph. de May de Franconie [19] nous donne un petit Traité fort intéressant des Physionomies ou Métoposcopie , d'autant plus intéressant qu'il nous fournit un grand nombre de figures explicatives nous montrant les rides du front, etc.

MYOMANCIE.– Cette divination est faite au moyen des rats ou des souris ; le devin tire des présages heureux ou malheureux suivant les cris que poussent ces petits rongeurs et suivant aussi leur degré de voracité.

NÉCROMANCIE.– L'art d'évoquer les morts et de leur faire pronostiquer l'avenir, la nécromancie remonte à la plus haute Antiquité. De nos jours, on a cru ridiculiser les spirites en les traitant de Nécromans . Or la nécromancie n'est qu'une des branches du spiritisme, donc la doctrine possède une grande envergure. Le spiritisme en effet étudie non seulement la Nécromancie, mais la Psychurgie, la Télépathie et tous les phénomènes qui se rattachent à l'âme, à la survie, aux états divers après la mort. Que l'on soit ou non spirite, tout homme de bonne foi est obligé de reconnaître que le grand mouvement spiritualiste contemporain est dû en grande partie au Spiritisme, qui a remis au jour, la Kabbale, l'Occultisme et la Théosophie. Tous les spiritualistes contemporains de valeur ont été à leur début spirites, nous citerons comme témoignage à l'appui de notre dire : V. Sardou [20], dont le père, que nous fréquentions à Nice, était un spirite enthousiaste, fanatique ; W. Crookes l'illustre chimiste : Blavatsky, le colonel Olcoot, Leadbeater, Courmes, le regretté P. Gillard, les têtes de la théosophie ont été spirites et le sont restés puisqu'ils sont tous réincarnationnistes ; et nous-même qui, depuis trente-cinq ans, étudions la philosophie, nous ne serions jamais arrivé à nous parquer à ce genre d'étude, si nous n'avions pas débuté par le Spiritisme ; nous devons ajouter seulement qu'il est très dangereux de faire des évocations, car on opère le plus souvent à l'aveuglette. Ajoutons, que le Spiritisme tel qu'on le pratiquait à ses débuts, c'est-à-dire, il y a 60 ans, a fait son temps ; et les Spirites devraient agrandir de plus en plus tous les jours le cadre des études de leur Doctrine.

Tous les spiritualistes quels qu'ils soient, à quelque école qu'ils appartiennent, doivent soutenir, aider et propager le spiritisme qui est la grande entrée de la carrière spiritualiste. Voilà la thèse que nous avons toujours soutenue et que nous soutiendrons toujours. M$^{me}$ H.P.B. a eu le grand tort, Suivant nous, de malmener les spirites, quand elle a embrassé la Théosophie, aujourd'hui ses successeurs médiats ou immédiats ont réparé l'erreur de cette grande âme, qui n'est pas tout à fait étrangère à notre conversion à la Théosophie. La Duchesse de Pomar, une des théosophes de la première heure en France, n'a jamais cessé d'être spirite, car on ne peut pas cesser de l'être dès qu'on partage dans la nouvelle voie spiritualiste où l'on entre, l'idée de réincarnation, l'idée de dégagement, d'incarnation, de trance médianimique, etc., etc., car aujourd'hui, le spiritisme a grandi, ce qui le prouve ce sont les travaux que nous publions depuis plus d'un quart de siècle dans la Revue Spirite , travaux que n'aurait certes pas laissé publier Allan Kardec, non qu'il ne les eût pas estimés à leur valeur ; mais il aurait craint d'effaroucher ses lecteurs, qui n'étaient pas préparés à les admettre, comme le sont nos contemporains, qui y ont été préparés par les études et les découvertes des Rochas, des W. Crookes, des Zôelner, des Aksakoft, des Baraduc et tutti quanti qui, bien que n'arrivant qu'au second plan n'en ont pas moins été utiles à la grande cause du spiritualisme moderne que rien ne pourra détruire.

NEPHÉLEMANGIE.– Genre de Divination fort rare, qui s'opère avec le concours d'Esprits supérieurs, dénommés Anges dans la religion catholique, d'où son nom Νεφελοί (anges). – Ce mode de Divination est fort rare mais très réel, car le médium entrancé peut, avec le secours d'Esprits supérieurs, faire des prophéties très surprenantes qui se réalisent toujours.

NIGROMANCIE.– La nigromantie ou nigromancie est l'art de découvrir tout ce qui est caché dans des endroits noirs, c'est-à-dire dans des grottes souterraines, au sein de la terre, au fond des étangs, des lacs et des mers.

NOMOMANCIE.– C'est l'art de deviner les présages ou mieux de faire l'horoscope des personnes en utilisant leurs noms ou prénoms. – À l'Exposition Universelle, dans la grotte de Bou Amana, il y avait un Marabout Âgé de 80 ans, qui avec le prénom du consultant et celui de sa mère, disait des choses très surprenantes sur le passé et l'avenir.

Ce terme a comme synonyme ceux de Onomomancie et Onomatomancie.

Il ne faut pas confondre ce terme avec celui de ONOMANCIE (voir plus loin).

OMPHALOMANCIE.– Divination au moyen du nombril (Ωμφαλός). Les sages-femmes de l'Antiquité et certaines accoucheuses modernes pronostiquent dit-on, par la simple inspection du nœud du nombril d'une femme combien elle pourra avoir d'enfants, après le premier-né.

ONÉIROCRITIE et ONÉIROMANCIE.– Divination à l'aide des songes, ce mode divinatoire a été en usage de toute Antiquité,

Le philosophe grec Arthémidore qui vivait au second siècle de l'ère chrétienne a écrit un excellent Traité des songes, dans lequel il mentionne un très grand nombre d'ouvrages anciens sur la matière ; il divise les songes en deux classes principales :

Les songes allégoriques et les songes spéculatifs.

L'Onéirocritie ou Onéiromancie est une science, tandis que l'art d'expliquer les songes se nomme Onéirocritique.

ONOMANCIE.– Genre de divination principalement pratiquée par les Arabes berbères et qui consiste à utiliser une épaule de mouton. – Voici comment ils procédaient : après avoir fait bouillir une épaule droite de mouton, ils la dépouillaient de sa chair et c'est sur l'os dénude que le Devin lisait le passé, le présent et l'avenir.

ONYCHOMANCIE.– Divination au moyen des ongles ; on la pratiquait de la manière suivante : on frottait d'huile de cire et de suie, les ongles d'un jeune garçon vierge et suivant les marbrures ou petits signes qui se voyaient sur les ongles, le devin tirait des pronostics ou présages ; mais là ne se borne point la science onychomantique, car d'autres devins prédisent l'avenir par la simple inspection de points ou taches blanches que portent sur leurs ongles bien des personnes.

Au XVIe siècle, ce genre de divination était assez répandu ; on avait même écrit, paraît-il, quelques traités, mais qui sont perdus, ou du moins qui sont d'une extrême rareté, c'est pourquoi nous avons réédité il y a quelques années la CHIROMANCIE MEDICINALE de Philippe May de Franconie qui, indépendamment d'un Traité sur la physionomie renferme un traité sur les marques des ongles [21], disons en passant que cet ouvrage rarissime n'est pas en général conforme aux idées admises par nos chiromanciens modernes.

OOMANCIE et OOSCOPIE.– Divination à l'aide des œufs. Dans l'Antiquité le devin tirait des présages suivant la forme des œufs, suivant les taches et le granité de leur surface, etc. – Si nous en croyons Suidas, ce serait Orphée même qui serait l'inventeur de ce mode de divination.

De nos jours, bien des médiums font de l'oomancie, mais c'est par l'examen du mélange du blanc et du jaune de l'œuf ou de la glaire et du jaune agglutinés dans une assiette par de l'eau bouillante que ces médiums ou devins dévoilent le passé le présent et l'avenir.

OPHIMANCIE.– La divination au moyen des serpents (Οφίς) remonte à la plus haute Antiquité. Le devin observe leurs mouvements, les dirige avec une baguette et suivant les agissements des reptiles, il en tire des présages.

ORNITHOMANCIE.– Divination tirée du vol, du cri et du chant des oiseaux. De nombreux mythes mettent le serpent en connexion avec ce genre de divination parce que celui-ci sait attirer l'oiseau malgré lui, par le seul effet de son regard, de son œil fascinateur.

Pline le naturaliste nous dit que le sang de certains biseaux (et il fournit une énumération de ceux-ci) produit un serpent qui donne à celui qui le mange la faculté de connaître le langage des oiseaux.

Nous préférons ne pas croire l'auteur et nous passer d'expérimenter le fait

PALMOSCOPIE.– Divination tirée des palpitations ou secousses des parties de la victime égorgée pour le sacrifice et que l'on comptait sur les doigts de la main, d'où le terme de Palmicum [22] employé également pour ce genre de divination qui faisait donc partie de la science augurale.

PALOMANCIE.– Divination analogue à la RHABDOMANCIE (voyez ce mot) ou Divination à l'aide d'un bâton.

PARTHENOMANCIE.– Divination au moyen de laquelle, on s'assurait si une jeune fille était ou n'était pas vierge. – C'était aussi une divination tirée des signes mêmes de la virginité, de la membrane hymen.

PÉGOMANCIE.– Divination au moyen des Sources ; on utilisait plusieurs modes de divination ou plutôt de consultations, mais le plus répandu consistait à jeter dans le creux de la source pu sur ses bords, des poteries à goulots et le devin étudiait la manière dont l'air des poteries s'échappait de ces goulots, de la forme et du nombre de bulles qu'ils fournissaient :

On utilisait également la surface des eaux, comme miroir, et Pausanias nous apprend qu'on y lisait ainsi l'avenir et que la Pégomancie tenait chez les Grecs le milieu entre la captromancie (divination par le miroir), et l'hydromancie (divination par l'eau) puisque ce genre de divination consistait à faire flotter un miroir attaché à l'aide d'une cordelette sur la surface des eaux de Patras. – Quand, sur la surface des eaux, le devin voyait soit l'image d'une personne vivante, soit celle d'un mort, il prédisait au consultant une bonne santé ou la mort. Nous ne pouvons insister ici dans une œuvre très synthétique, mais la divination au moyen de l'eau renferme des données extrêmement curieuses.

PÉRATOSCOPIE.– Divination qui consistait à inspecter les airs et la forme des nuages.

PETCHIMANCIE.– Divination accomplie au moyen des vergettes ou des brosses d'habits ; quand ceux-ci ne peuvent se vergetter, le vulgaire croit voir à cela un signe de pluie.

PETTIMANCIE.– Divination au moyen de dés agités dans un cornet et que l'on rejette sur un plan quelconque.

PHILLOMANCIE, voir le terme suivant.

PHILLORHODOMANCIE.– Divination appliquée surtout par les Grecs de l'Antiquité au moyen de feuilles de roses ; on la pratiquait de diverses manières, l'une d'elles consistait à placer sur le front une feuille de rose bien concave, on frappait ensuite avec le plat de la main pour lui faire rendre un bruit. – Ce dernier mode se nomme PHYLLOMANCIE.

PISOMANCIE.– Divination au moyen de pois secs, qu'on lançait sur une surface quelconque et suivant la manière dont ils tombaient, le devin tirait des présages.

PNÉOMANCIE.– Divination accomplie en regardant des objets apparaissant dans un certain horizon : oiseaux, chevaux, navires, etc.

PSÉPHOMANCIE, (Psephos.) – Divination au moyen de cailloux qu'on enterrait dans le sable humide et qu'on déterrait ensuite, l'humidité produisait sur leur surface des sortes de dessins, marques ou signes, desquels le devin tirait ses pronostics.

PSYCOMANCIE.– Évocation des âmes, des Esprits ; ce terme est donc synonyme de NECROMANCIE (voy. ce mot.)

PTARMOSCOPIE.– Divination pratiquée en observant divers modes d'éternuements, leur force, leur fréquence etc., etc.

PYROMANCIE.– Divination pratiquée au moyen du feu, en grec πυρ, πυρὸς. Ce genre de divination aurait été imaginé par Amphiarus.

RAPSODOMANCIE.– Divination qu'on accomplissait au moyen des Rapsodies, c'est-à-dire qu'on tirait au sort dans le livre des Rapsodes, principalement dans les livres d'Homère et de Virgile. On ouvrait ces livres au hasard, et le premier vers qui se présentait à la vue du devin était considéré comme un oracle venant des Dieux mêmes. – On dit aussi STOICHEIOMANCIE.

RÉGALOMANCIE.– Divination pratiquée à l'aide d'osselets, de billes, de petites balles, etc.

SCIAMANCIE ou SCIOMANCIE.– Divination par le simulacre du corps évoqué, afin d'apprendre les choses de l'avenir. – La Sciomancie est donc une subdivision de la NÉCROMANCIE.

SPODANOMANCIE ou SPODOMANCIE.– Divination en usage dans l'Antiquité et pour laquelle on utilisait les cendres des sacrifices ; encore aujourd'hui, ce genre de divination est pratiquée dans quelques parties de l'Allemagne, mais en se servant des cendres de foyers ordinaires.

Voici comment se pratique ce mode de divination : Avec le bout de l'index, on écrit sur la cendre exposée en plein air, ce que le consultant désiré connaître ou savoir. On laisse aux cendres aspirer l'humidité de la nuit et le lendemain matin, ce qui reste des caractères tracés ou ce qui en a disparu, sert au devin à tirer des conclusions.

STERNOMANCIE.– Divination à l'aide du sternum, du ventre, bien souvent le sternomancien n'est qu'un simple ventriloque.

STOICHEIOMANCIE. voy. RAPSODOMANCIE.

STOLISOMANCIE.– Divination au moyen des accidents qui peuvent survenir dans la manière de s'habiller, un bas ou une chaussette mis à l'envers, un soulier droit mis au pied gauche etc., tous les accidents de ce genre servent au devin à tirer ses pronostics.

SYCOMANCIE.– Divination au moyen des feuilles de figuier, elle se pratique de diverses manières.

TÉPHRAMANCIE.– Divination accomplie au moyen des cendres qui provenaient des victimes des sacrifices. – Il ne faut pas confondre ce terme avec ceux de SPODOMANCIE et SPODANOMANCIE ; voy. ces mots.

TÉRATOSCOPIE.– Ce mot ne désigne pas comme l'ont dit certains auteurs une forme ou un mode particulier de divination, mais la Divination tout entière aux prises avec le Merveilleux.

Par exemple, le devin tire de certains présages, de spectres ou de fantômes qu'il voit ou qu'il entend seulement dans les airs. – Il en tire également de certains accouchements monstrueux, de pluies de petites pierres ou de sang, des batailles et des combats d'armées aériennes fantastiques, dont on entend seulement le cliquetis des armes dans les nuées, etc., etc.

Pistorius (De la Magie chap. X) attribue à ce terme l'action de rendre des oracles dans un air conjuré.

D'autres auteurs considèrent la Tératoscopie, comme une subdivision de l'Aéromancie, car c'est dans l'air qu'on entend les bandes des cavaliers armés, des guerriers, des combats et des chasses merveilleuses aériennes, etc. ; d'après les mêmes auteurs, les présages que le Devin tire des comètes et des météores sont autant de faits relevant de la Tératoscopie. Nous parlons de tout ceci dans les chapitres qui suivent.

TIROMANCIE.– Divination qu'on tirait par divers moyens en employant des fromages.

URANOMANCIE.– Divination par l'inspection des astres. – Ce terme est donc synonyme de ASTROLOGIE (voyez ce mot) mais avec une acception beaucoup plus restreinte.

VERRE D'EAU.– Variété de divination de la Lecanomancie, de la Captromancie et de l'hydromancie ; en effet, ici le bassin ou vaisseau est remplacé par un verre d'eau.

Ce mode de divination remonte à la plus haute Antiquité, puisque c'est à l'aide d'une coupe remplie d'eau que du temps de Joseph, intendant des Pharaons, les Devins et les Magistes prédisaient l'avenir. De nos jours, il existe des médiums au verre d'eau ; l'un d'eux, la regrettée Antoinette Bourdin a écrit des romans et un traité : Le medium au verre d'eau, devenu aujourd'hui fort rare.

Une carafe d'eau servait à Cagliostro pour le même genre de divination. On peut utiliser de même les boules de verre et mieux les boules de cristal, des surfaces métalliques brillantes planes, convexes ou concaves. – Voir supra HYDROMANCIE, LECANOMANCIE et PEGOMANCIE.

XILOMANCIE et XYLOMANCIK.– Divination pratiquée à l'aide de fragments de bois. Le devin examine la juxtaposition des fragments qu'il rencontre sur son chemin, leur combustion, celle de branchages ou les bois qui brûlent dans un foyer.

Comme on peut voir par ce qui précède, les modes de Divination sont aussi nombreux que variés et nous ajouterons que bien qu'ayant énuméré un assez grand nombre de divinations (102 exactement) nous sommes loin de prétendre les avoir tous énumérés, car suivant le medium, ou devin, les matières et les moyens sont très divers ; ainsi nous avons vu très souvent plus de cent fois peut-être un excellent medium, une dame lire le passé, le présent et l'avenir dans un petit verre de chartreuse ; c'est on le voit une variété du medium au verre d'eau. Et combien d'autres modes encore pourrions-nous ajouter à la longue nomenclature qui précède, mais il faut savoir se borner, ne serait-ce que pour justifier notre prétention de faire une Petite Encyclopédie synthétique .

---

[10] CLÉMENT D'ALEXANDRIE, Stromat ., I.p 362.

[11] XXI, 26.

[12] Cf. à ce sujet : TRAITÉ DU HASCHICH et autres plantes psychiques ou magiques, 1 vol. in-12, Paris, CHAMUEL. Sans nom d'auteur.

13  Il a paru chez Chamuel, éditeur, une réédition en 1897, qui contient un Traité Sur la physiognomie et sur les marques des ongles , qui souvent ne sont pas dans l'édition anciennes signalons aussi un traité du D$^r$ Papus.

14  1 vol. in-12, 2$^e$ Edition Paris, Librairie Académique 1898 et Chacornac.

15  Cicéron, de Fast . 5 ; Tuscul , IV, 7.

16  Suétone Tit. II.

17  Juvénal, Sat . VI, 58.

18  Velleius Paterculus, II, 14.

19  Ce petit volume aujourd'hui introuvable a été réédité en 1895, Paris, Chamuel éditeur ; ajoutons que cette réédition donne une chiromancie synthétique très facile à saisir, car son interprétation est extrêmement claire.

20  Président d'honneur du Congrès spirite et spiritualiste international de 1900.

21  Est en vente à la librairie des sciences psychologiques, 42, rue Saint-Jacques. – Voici le titre exact de cet ouvrage qui est illustré de nombreuses vignettes : La chiromancie de Philippe May de Franconie . Traduit de l'allemand, avec un avant-propos et une chiromancie synthétique, I Vol. in-18, 3 francs, Paris, H. Chacornac.

22  CIC.– 5. –Tusculum IV, 7. – SUETONE, Tit . 2. – JUVENAL, satire IV, 581. – VELL. PATERCULUS, II, 24.

# Chapitre IV

# Des oracles et des Sibylles

Chez tous les peuples et dans tous les temps, l'homme a pensé qu'une Providence veillait sur lui et cela d'une manière constante, afin de le protéger et l'avertir aussi de ses destinées. De là, les bons et les mauvais présages que l'homme s'est efforcé de tirer de l'apparition de météores, ou autres corps célestes, ou de la rencontre d'objets divers, animés ou inanimés.

Le nombre des présages, dont on peut tirer des signes pour prédire l'avenir est incalculable. Dans le précédent chapitre, nous avons vu combien étaient nombreux les modes de Divination ; le nombre des Oracles est de même très considérable.

L'Antiquité a eu des Oracles célèbres en très grand nombre et ceux de nos lecteurs qui désireraient connaître la Divination et les Oracles dans l'Antiquité, n'auraient qu'à étudier le bel ouvrage de Boucher Leclercq sur la matière. C'est là un véritable monument et jamais aucun auteur ne saura faire mieux, ni plus complet.

Pour nous, notre étude doit être infiniment plus modeste, cependant nous espérons donner à nos lecteurs un enseignement suffisant sur la question.

Depuis que le monde existe, les hommes ont toujours eu des oracles ; ils ont toujours entendu des voix mystérieuses sortir des sanctuaires ou de la statue d'un Dieu et parler en son nom. – En d'autres circonstances, le Dieu s'est servi directement de l'organe d'un devin (homme ou femme) pour révéler l'avenir. Nous n'avons pas à nous occuper ici des fraudes qui ont pu être faites ou qui l'ont été dans les temples, mais nous devons affirmer que des médiums entrancés , ce qu'on nommait dans l'Antiquité des Pythonisses ont réellement prophétisé sous l'influence d'un Esprit quelconque. C'est là un fait indubitable ; aussi ne saurait on le mettre en doute.

Qu'il y ait eu des fraudes et des abus ? C'est bien certain, mais ceci ne peut faire douter un instant de la réalité des Oracles.

Nous ajouterons que les moyens ou agents physiques employés pour provoquer une exaltation passagère, loin d'être des moyens de fraude, étaient au contraire un des modes sûrs de provoquer des révélations, des prophéties.

Ainsi de nos jours encore, des peuplades sauvages se procurent une ivresse prophétique, en respirant la fumée de résines ou de certaines plantes psychiques, beaucoup de tribus utilisent dans ce même but la fumée du tabac.

Pendant l'Exposition Internationale de 1900, tous les visiteurs ont pu voir la tribu des Aïassouas exécuter des faits surprenants après s'être mis en trance en respirant une résine parfumée : le Benjoin.

Des peuplades de l'Océanie emploient la Cava, sorte de boisson enivrante. Les Kamtchadales utilisent une sorte de champignons vénéneux qui produit des effets aussi énergiques que rapides.

Les Oracles anciens les plus célèbres étaient ceux de Dodone, de Jupiter Ammon, de Delphes, de Trophonius et d'Apollon Clarien. Pour consulter les oracles, il fallait avoir un certain courage. Pausanias nous a conservé les pratiques qu'il fallait employer pour interroger la Divinité. On commençait par adorer la statue du Dieu, puis on descendait dans une sorte de caveau ou grotte, qui affectait la forme d'un four et le consultant devait s'être muni d'une boule de pâte pétrie avec du miel. Il glissait ainsi dans la caverne ou grotte où il était entraîné au fond par une force inconnue. Alors l'oracle lui était révélé, soit par la vue, soit par l'ouïe, ou encore par les deux organes à la fois ; souvent le Consultant au sortir de ce lieu sombre prophétisait.

De tous les Oracles de l'Antiquité, le plus célèbre était celui de Delphes ; l'emplacement sur lequel s'éleva le temple fut découvert par des chèvres qui furent étourdies par l'air asphyxiant que dégageait en cet endroit, la terre.

L'oracle était rendue par une femme dénommée Pythie, qui révélait ses oracles en vers, au nom d'Apollon Delphien. Elle était assise sur un trépied placé tout près du sanctuaire et les jambes écartées de façon à recevoir intérieurement les vapeurs qu'exhalait le sol, vapeurs qui passaient à travers des dalles percées de trous.

Peu de temps après que la Pythie était montée sur son trépied, une sorte de frénésie, d'exaltation s'emparait d'elle, et lui permettait de prophétiser plus ou moins longuement, suivant sa force de résistance et son tempérament.

Ses vers bien qu'inspirés, étaient parfois médiocres, ce qui fournissait le prétexte à des railleries que ne manquaient pas d'adresser au Dieu, les philosophes Épicuriens. Enfin nos lecteurs n'ignorent point que parfois les réponses de la Pythie étaient si ambiguës qu'on n'y comprenait pas grand-chose, et qu'on pouvait les interpréter de plusieurs manières à la fois.

Hérodote qui donne une commune origine aux Oracles de Dodone et de Jupiter Ammon, nous montre par là qu'il existait une ancienne révélation commune à ces deux oracles. Il paraît, en effet, que les voix prophétiques n'étaient perçues au milieu des chênes de la forêt de Dodone, qu'après avoir entendu une violente percussion exercée sur les vases d'airain suspendus aux arbres.

Cette tradition sur les oracles est une des plus anciennes que l'on connaisse, car nous possédons fort peu de détails sur les oracles rendus dans les cryptes égyptiennes ; nous savons cependant que dans le temple de Sérapis, les malades qui consultaient le Dieu sur leurs maladies, recevaient en songe la réponse c'est-à-dire la recette du remède qu'ils devaient appliquer pour obtenir leur guérison.

Nous ne connaissons pas d'oracles chez les Hébreux ; mais un grand nombre d'Archéologues pensent que les enfants d'Israël, à une certaine époque de l'année, se plaçaient dans le temple auprès du Propitiatoire et qu'ils entendaient une voix mystérieuse qui rendait de véritables oracles.

Nous avons mentionné naguère Hérodote, nous dirons ici que le même auteur nous apprend qu'au huitième étage de la Tour de Bélus à Babylone, se trouvait un lit magnifique sur lequel venait chaque nuit reposer une femme choisie par le Dieu.

L'oracle de Saturne à Alexandrie était très renommé, et c'était Tyrannas, le prêtre intermédiaire du Dieu qui désignait les femmes qui devaient recevoir l'oracle de la Divinité.

Disons qu'en général, les oracles n'étaient le plus souvent qu'inspirés par les prêtres et ne reposaient dès lors, sur aucune observation physique ou physiologique, sur aucune méthode précise.

Le grand Art oraculaire consistait à faire dire à la Pythie des réponses assez ambiguës, afin de pouvoir les utiliser aux fins et désirs des prêtres du temps.

## Sur les Sibylles

L'origine des Sibylles est environnée de mystères, quelques auteurs de l'Antiquité (Platon et Aristote entre autres) parlent bien de ces merveilleuses Prophétesses, mais ils ne nous apprennent point leur origine.

Selon Varron, on ne compterait que dix sibylles mais en réalité, il en a existé douze comme nous le verrons à la fin de ce qui les concerne. Celle qui jouissait de la plus grande célébrité était la Sibylle de Cumes , qui écrivait ses prophéties au dire de Virgile sur des feuilles qu'emportait le vent. C'est cette Sibylle qui vendit les Livres Sibyllins qu'on ne consultait que lors des grandes calamités publiques.

Il était défendu sous peine de mort de donner copie des livres de la Sibylle de Cumes, qu'on dénommé également Amalthée, Démophile et Hérophile. – On a fait circuler un grand nombre de prophéties plus ou moins apocryphes, qu'on a attribuées aux Sibylles. Mais nous savons positivement que les livres Sibyllins ont été détruits, ils étaient au nombre de 9 ; 6 furent détruits par la Sibylle elle-même, parce que par deux fois ils avaient été refusés et que chaque fois, elle en brûlait trois ; enfin les trois derniers auraient été détruits sous Sylla. Ce fut une grande perte pour la science historique, car ces livres renfermaient des poèmes cosmogoniques et historiques, relatifs à l'origine des Étrusques, qui après les Celtes étaient probablement le plus ancien peuple de ce qui fut plus tard l'Europe. – Bien que les livres Sibyllins aient été détruits sous Sylla, on en brûla encore (les derniers dit-on) sous Honorius. Ceux-ci ne devaient être que des copies ou même des contrefaçons, nous ne savons rien de positif à cet égard, si ce n'est que ce fut par les ordres de Flavius Stilico, beau-père d'Honorius, qu'ils furent brûlés en l'an 399.

Les Druidesses qui avaient leur principal collège dans l'île de Sein passent pour avoir été des Sibylles Gauloises, qui prophétisaient par l'inspection des eaux ou autres moyens ; elles étaient en tous cas de véritables oracles vivants, qui ne prophétisaient qu'avec le secours des voix intérieures, qu'elles entendaient fort bien et qui leur inspiraient tous leurs oracles.

Comme nous l'avons dit plus haut, il a existé en réalité douze Sibylles : celle de Perse, de Lybie, de Delphes, d'Érythrée, celle de Samos et de Cumes, de l'Hellespont, de Phrygie, de Libur, dénommée Albumée, celle d'Epire, enfin la Sibylle Cimmérienne et la Sibylle Égyptienne.

En résumé, les Oracles et les Sibylles de l'Antiquité fournissaient des présages et donnaient des pronostics ; ils étaient secondés par les augures, les aruspices et les auspices.

Les augures, nous le savons prophétisaient en étudiant le vol et léchant des oiseaux et la manière dont ceux-ci mangeaient. – Les augures et les aruspices formaient un des corps importants de l'État ; c'était un corps sacerdotal dont les décisions avaient une grande influence sur les grands évènements politiques.

Les augures à l'origine de leur création n'étaient qu'au nombre de trois, par la suite, ce nombre s'accrut considérablement, mais ils portèrent toujours le Pedum ou bâton recourbé (l'origine de la crosse épiscopale) que leur avait donné Romulus, fondateur de Rome, comme insigne de leur dignité.

Il y avait deux espèces d'augures ; l'Augure proprement dit et l'Aruspice, qui fournissaient respectivement l'augure ou prophétie qu'on tirait du chant des oiseaux, et l'auspice par l'inspection de leur vol.

L'auspicisme chez les Celtes, au dire de quelques auteurs, consistait non seulement à inspecter le mouvement des victimes destinées au sacrifice, ainsi qu'à examiner leur entrailles, mais, il aurait également interrogé les entrailles d'un homme égorgé sur l'autel. Ceci est contesté, à moins que la victime eût été un condamné à mort pour crimes ou forfaits.

Disons en terminant que si d'après Caton, les augures ne pouvaient se regarder sans rire, Cicéron qui faisait partie du Collège des augures ne professait pas beaucoup d'estime pour ses collègues.

# Chapitre VI

# Les sorts et les sortilèges. L'Envoûtementt

Le pouvoir de jeter des sorts ou des sortilèges, de pratiquer des maléfices ou l'Envoûtement remonte à une très haute Antiquité.

Le sort consiste dans certaines imprécations ou paroles magiques lancées contre une personne à qui on veut du mal.

Ce sont les sorciers et les sorcières, ainsi que les bergers qui jettent des sorts ou pratiquent des sortilèges et l'envoûtement.

La superstition populaire redoute principalement les Bohémiens et les bergers, elle les considère, avec raison, comme des Jettatori des plus dangereux.

Qu'y a-t-il de vrai dans cette question de la Jettatura, du mauvais œil ?

On peut dire que les personnes adonnées à la magie noire peuvent avec l'aide d'Entités astrales malfaisantes, jeter véritablement des sorts et pratiquer des maléfices plus ou moins dangereux contre certaines personnes susceptibles de les recevoir ; mais il convient d'ajouter que les personnes honnêtes sont protégées contre les mauvais Sorts.

À l'aide des sorts, on peut aussi pratiquer la Divination ; ce fut au moyen des Sorts, que les Hébreux reconnurent que Saül avait été choisi comme roi par Jéhovah.

Dans l'Antiquité, on obtenait les Sorts au moyen de dés qui portaient, inscrits sur leurs faces, certains caractères, dont on cherchait l'explication sur des tables dressées à cet usage, d'après les règles de l'Astrologie.

Le sort en est jeté (Alea jacta est) est une expression proverbiale très ancienne.

L'un des Sorts le plus redouté de tout temps, est celui connu sous le terme de nouer l'aiguillette , et qui consiste à empêcher les jeunes époux de consommer l'acte du mariage.

Tous les livres de démonographie donnent de nombreuses formules propres à enrayer les effets de ce sortilège, dont l'invention remonterait à Cham, suivant les Rabbins juifs. Il remonte en tous cas à une haute Antiquité, puisque Ovide et Virgile en font mention dans leurs œuvres.

Les maléfices, principalement l'Envoûtement , devinrent au XVIe siècle si nombreux que les magistrats sévirent violemment contre eux. Et, fait bizarre, l'envoussure ou envoûtement qui consiste à faire, une figure de cire et la piquer au cœur pour faire : périr lentement la personne objet de l'envoûtement, cette pratique disons-nous, s'est retrouvée jusque chez des peuplades de l'Amérique du Nord.

Un autre maléfice tris répandu c'est le Scopélisme , c'est-à-dire le sort opéré, au moyen d'une pierre ensorcelée, et qui a répandu la terreur aussi bien chez les anciens que chez les modernes. Tout individu qui trouvait sur son chemin une pierre ainsi maléficiée était certain de mourir à bref délai ou du moins d'éprouver une série de malheurs et de désagréments.

Les sorciers voulaient-ils rendre un champ stérile : ils y jetaient des pierres ensorcelées. Il fallait bien qu'il y eût quelque chose de vrai dans cette pratique, puisque à Rome, ceux qui étaient convaincus d'avoir pratiqué ce sortilège étaient punis, de mort, comme ayant commis un crime véritable [1] .

Dans l'Inde, le sort jeté par les yeux : le mauvais œil est, dénommé Dritchty-Dotcha . Tout être animé (plante ou animal) est susceptible de pouvoir recevoir ce sort. On a même la coutume pour préserver contre ce maléfice, les plantes, les arbres, les fruits de la terre de dresser dans les champs une perche au bout de laquelle on attache un vase de terre blanchi à la chaux extérieurement, lequel vase a pour but d'attirer les yeux du Jettatore ou Sorcier qui, en regardant le vaisseau de terre, oublie ainsi de regarder le champ et partant de l'ensorceler.

Dans Souvenirs d'une voyante, Claire Vautier [2] nous donne quelques renseignements au sujet de l'Envoûtement que nous consignons ici :

« J'ai parlé du Moyen Âge pendant lequel l'Envoûtement semble avoir joué un rôle néfaste plus important qu'à aucune autre époque.

« La naïveté de ses pratiques paraît seule l'avoir ainsi vulgarisé.

« Dès les civilisations primitives, l'envoûtement surgit et demeure en l'Ésotérisme de la Révélation. Il est partie intégrante et résolvante de l'être fluide incorporé. On en retrouve les secrets dans les premiers documents hiératiques.

« Le mercantilisme fatalement suscité par l'état social d'un peuple, souleva le voile des mystères. Isis vendit ses faveurs que la haine vulgaire et personnelle paya.

« Les Grecs pratiquaient l'Envoûtement jusque dans le bas peuple. Ils formaient une statue et la blessaient pour faire souffrir de même souffrance ceux qu'ils avaient voulu représenter. Il n'est pas une religion, tant obscure soit-elle qui ne renferme cette superstition. »

Au pays de Songhoï, le roi Askia Iskak, aidé d'un magicien, pratiqua l'envoûtement, sur Arbinda, fils de sa sœur, appelé par le peuple à lui succéder. Le magicien se fit apporter un vase plein d'eau sur lequel il prononça des paroles magiques. Une poupée en sortit qui fut frappé d'un fer. Au même moment, sans qu'on sût comment, Arbinda mourait.

Un juif nommé Labaïd fit de même un enchantement, qui faillit tuer Mahomet. Mais Dieu envoya à celui-ci deux Sourates (versets) qui eurent le pouvoir de sauver le Prophète.

Dans l'Inde, pour préserver les personnes des sorts et de l'envoûtement, on pratique une cérémonie dénommée Aratty ; ce sont les femmes qui l'accomplissent, sauf les veuves, qui ne sont pas admises dans les cérémonies domestiques, car leur présence porterait malheur.

Voici comment on pratique ce rite : dans un plat de métal, on place une lampe remplie d'huile de santal ; on en allume la mèche, puis une des femmes de la maison, quand son mari, son père ou un parent quelconque entre dans la maison, ledit membre de la famille prend le plat et l'élève à la hauteur de la tête de celui pour qui est accomplie la cérémonie et portant ainsi cet ustensile, il décrit trois ou sept cercles suivant l'âge ou la condition de la personne.

L'aratty se fait publiquement trois ou quatre fois sur les personnes de distinction. Tout noble visiteur de la famille qui pénètre dans une maison hindoue reçoit l'aratty des mains des jeunes filles, car cette cérémonie leur est ordonnée par le chef de la famille. On pratique également l'aratty sur la statue des Dieux ; ce sont les Danseuses du temple qui sont chargées de cette cérémonie, qu'elles accomplissent après toutes les autres.

On fait également l'aratty sur tous les animaux domestiques : chevaux, éléphants, taureaux, chèvres, moutons, etc.

Dans l'aratty, on utilise souvent au lieu de la lampe à l'huile de santal ; un vase contenant de l'eau parfumée au santal, ou avec des fleurs du Crocus vernus (safran), laquelle eau est colorée avec du vermillon et bénie par l'immersion de quelques tiges de Cousa (herbe divine).

Nous ne parlerons pas des procès de sorcellerie, ni du sabbat et de ses cérémonies, ni de l'onction magique ainsi que de la messe noire, car cela nous entraînerait trop loin ; du reste, dans le chapitre de la Démonologie, nous aurons l'occasion de fournir d'autres renseignements qui compléteront le présent chapitre.

---

[1] Digeste , LIVRE XLVII, titre II. I, 9,

[2] Echo du merveilleux n° 65, septembre 1899. – Cf. Également un très intéressant volume de MAB. L'ENVOUTEMENT, 1 vol. in-18 de XVI-331 pages, Paris. – Dans ce volume on étudie la question de l'envoûtement sous toutes ses faces et, après l'avoir lu, le lecteur sait parfaitement à quoi s'en tenir sur cette intéressante question, qui a été étudiée de nos jours par des savants de premier ordre.

Consulter du même auteur : THOMASSINE qui fait suite à l'Envoutement. 1 vol-in-12 ; Paris, Chacornac.

# Chapitre V

# Psychisme et Psychurgie

Qu'est-ce que le Psychisme ? C'est un néo-terme pour exprimer une chose bien ancienne et les Dictionnaires usuels de notre langue, Littré en tête, ne le définissent point. Nous dirons donc que le Psychisme est l'ensemble des connaissances de ce qui se rapporte à l'âme ; c'est une très vaste science comme pourra s'en convaincre le lecteur en lisant et en étudiant le présent chapitre.

Ce néo-terme a créé les suivants : Psychurgie, Psychique, Psychologie, Psychomètre, Psychométrie, Psychurgie etc. [1]

Avant de pénétrer au cœur de notre sujet, nous devons donner l'explication de ce nouveau terme et de ses dérivés.

Disons tout d'abord que bien des écrivains croient à tort que ce terme est synonyme de Psychologie , c'est là une erreur, car la Psychologie est la science de l'âme, en tant qu'étude purement métaphysique ou bien encore une étude des facultés intellectuelles ou morales de l'âme. Aussi nomme-t-on Psychologue, Psychologiste , celui qui s'occupe de psychologie et non de psychisme ; ce dernier est dénommé Psychiste et Spirite suivant le cas. Enfin, on nomme Psychose l'ensemble des maladies de l'âme, des maladies psychiques, dont on commence à s'occuper depuis fort peu de temps et qui ont une si grande influence sur la santé physique de l'homme et sur sa moralité surtout.

Un jour les médecins ne traiteront les malades qu'en utilisant les effluves humains comme véhicules de guérison. Le médecin guérira par la Foi. Le D$^r$ Charcot, longtemps après Paracelse, a entrevu, quelques années avant sa mort, tout le parti avantageux qu'on pouvait tirer de la suggestion, de la foi pour guérir des maladies réputées jusqu'alors incurables. [2] Les D$^{rs}$ Luys, Bernheim, Beaunis et toute l'École de Nancy utilisant l'aura humaine ont pu transférer des maladies d'un individu à un autre individu et faire absorber des remèdes par suggestion ou mieux par autosuggestion ; tout cela rentre dans le domaine du PSYCHISME.

Mais se dira le lecteur qu'est-ce que l'Aura ?

C'est une sorte de rayonnement de vapeur légère qui se dégage de l'homme et qui l'entoure comme d'une enveloppe, comme d'un voile véritable. L'homme n'est pas seul à posséder une aura, tous les corps quels qu'ils soient en ont une ; les animaux, les végétaux, de même que les minéraux, possèdent des auras, mais chez les animaux, les végétaux et les minéraux, cette sorte de nuage lumineux, d'atmosphère brillante a moins d'étendue qu'autour de l'homme. Chez celui-ci, cette étendue est variable, elle a plus ou moins d'amplitude suivant le degré d'avancement intellectuel et surtout moral de l'individu.

Cette aura peut varier de 30 centimètres à 55 centimètres et plus suivant le degré de spiritualité plus ou moins élevé du sujet.

L'aura affecte une sorte d'ovale autour du corps humain, d'un œuf, dénommé pour cela œufaurique.

Généralement, plus l'aura s'éloigne du corps de l'homme et plus il s'éclaircit, jusqu'au point où sa périphérie se fond graduellement dans l'aither ambiant.

L'observation attentive de l'aura montre qu'il est formé de zones distinctes, correspondantes à des états différents de la matière, qui forment bien des auras distinctes, mais qui s'interpénètrent de la même manière que le double aithérique de l'homme pénètre son corps et c'est bien à tort qu'on a comparé ces auras successives aux couleurs du spectre solaire, car, chez ce dernier, les couleurs sont parfaitement distinctes et ne se pénètrent que par leurs bords de contact.

On est à peu près certain, mais on ne saurait encore l'affirmer, que, comme tout ce qui existe dans la nature, l'aura est septuple, mais les meilleurs voyants, les meilleurs psychomètres ne peuvent guère distinguer que cinq parties ou couches de l'aura.

C'est à l'aide de l'aura que se déplace le corps astral et que se produit l'extériorisation de l'individualité. Il ne faut pas confondre l'aura humaine avec l'aura hystérique et l'aura épileptique [3] celles-ci, en effet, ne sont que des déséquilibrations de l'aura normale, de l'aura vitale, de l'aura de la santé.

Les Hindous et les Égyptiens de l'Antiquité ont parfaitement connu l'Aura ; chez ces derniers, cette émanation était même figurée par une sorte de vapeur plus ou moins intense, qui se dégageait du cœur, s'élevait de là, à la hauteur de la tête et se répandait surtout autour de celle-ci.

Chez les Kaldéo-Assyriens et chez les Hébreux, cette émanation se nommait Airrid, terme qui signifie souffle, aura, esprit vital, fluide animique, couverture, etc., car tous ces termes sont dérivés du verbe hébreu Begd, (couvrir) ; en effet, l'aura couvre en entier le corps de l'homme comme d'une enveloppe véritable.

Paracelse nomme l'aura l'Evestrum, mais il lui donne un sens un peu différent de ce que nous avons vu : Voici comment il s'exprime à ce sujet :

— « Si nous voulons parler de l'Evestrum sous son double aspect (mortel et immortel), nous dirons que chaque chose a son Evestrum, que l'on pourrait comparer à l'ombre que projette un objet sur un mur. L'Evestrum naît avec le corps, croît avec lui, et lui reste attaché aussi longtemps que la moindre particule de matière existe encore. Chaque chose, qu'elle soit visible ou invisible, qu'elle appartienne à la matière ou à l'âme, possède son Evestrum ; Trarasmes est le pouvoir invisible qui se manifeste au moment où le sens intime (perception intérieure) commence à se développer dans l'homme.

L'Evestrum porte, imprimés en lui, les évènements futurs et procure ainsi les visions et les apparitions, mais le Trarasmes produit une exaltation des sens [4].

« Les Sages seuls peuvent comprendre la véritable nature de l'Evestrum et du Trarasmes, le premier agit sur le sens de la vue (aura pour, nous), le second sur le sens de l'ouïe (magnétisme, électricité, télépathie, etc.).

« L'Evestrum occasionne des rêves prophétiques, tandis que le Trarasmes communique avec l'homme en lui faisant entendre des voix ou résonner de la musique ou des sons à son oreille intérieure (clairaudience).

« Quand un enfant naît, il porte avec lui un Evestrum, constitué de telle sorte, qu'on peut y lire à l'avance les actes et les évènements futurs de la vie de l'enfant devenu grand. Si cet individu est sur le point de mourir, son Evestrum peut indiquer l'approche de la mort par des coups frappés, par des bruits inusités, par le mouvement des meubles, etc., etc.

« L'Evestrun de l'homme vit avec lui, reste après la mort de l'individu dans la sphère terrestre ; il est relié sympathiquement à la partie immortelle de l'individu ; il peut donc jusqu'à un certain point, et dans des conditions particulières, révéler l'état d'âme de la personne à laquelle il a appartenu ».

Ces Evestra ne sont donc point l'âme des morts errants dans l'espace, ils ne sont, pour ainsi dire, que le double aithérique des individus auxquels ils ont appartenu ; ils demeurent sur la terre jusqu'à la dernière oxydation ou destruction des cellules du corps physique.

Il y a lieu ensuite de distinguer divers Evestra : l'Evestrum propheticum, l'Evestrum mysteriale. Le premier est pour ainsi dire l'avant-coureur des évènements qui s'accomplissent dans le monde, car il ne faut pas oublier que l'Evestrum tire son origine de l'activité collective de l'Univers, aussi l'Initié, qui comprend la véritable nature des Evestra prophetica, est un Voyant, un Inspiré.

Le bien et le mal ont chacun leur Evestrum mystériale, à l'aide desquels, on peut reconnaître leur existence et leur attribut. Celui du bien révèle tout ce qui est beau et tout ce qui est bien, il peut illuminer les esprits ; on peut, par l'Evestrum du mal, prédire les maux futurs qui désoleront le monde ; de même, il répand sa funeste influence sur celui-ci.

Enfin, si nous nous en rapportons à Paracelse, « le corps astral est plus actif chez l'homme endormi que chez l'homme éveillé, c'est pour cela que l'homme peut avoir des rêves prophétiques. [5] »

Suivant le degré d'avancement intellectuel et moral de l'individualité, l'aura comporte des couleurs et des tonalités diverses. L'Échelle aurique possède une gamme de nuances très étendue, qui va du brun le plus intense au bleu turquoise en passant par les tons chocolat, gris foncé, gris violet, gris clair, gris perle, pour atteindre au vert au bleu cobalt, bleu turquoise. Ces derniers tons ne se voient que chez des personnes qui possèdent une haute spiritualité.

Les personnes qui ont l'aura bleu, sont peu sujettes à subir la volonté et les influences étrangères ; elles ont une grande faculté de perception.

L'aura peut rayonner bien loin de l'individu c'est ce pouvoir de rayonner au loin qui permet les manifestations psychiques, dites Télépathiques absolument indéniables aujourd'hui.

Aussi quand les spirites affirment que les communications qu'ils reçoivent émanent uniquement des désincorporés, des désincarnés, ils se trompent, car des vivants endormis, entrancés, en léthargie, peuvent faire écrire des vivants, nous l'affirmons pour l'avoir vu de nos propres yeux vu, ce qui s'appelle vu.

Ce même rayonnement de l'aura explique comment certains clairvoyants peuvent voir très loin auprès de certaines personnes des faits de leur passé, de leur présent et parfois de leur avenir.

Quand une personne a un fluide clair et rayonnant (lumineux), le clairvoyant voit très facilement, parce que son fluide astral se mêle à l'aura de cette personne et se confond avec lui, l'interpénètre, de sorte que le clairvoyant naturel peut lire comme dans un livre ouvert toute l'histoire de la personnalité observée ; tandis que, le même clairvoyant a beaucoup de peine à lire dans l'aura de la personne qui n'a aucun pouvoir de projection aurique.

C'est grâce à l'aura, à l'astral, qu'un peu avant sa mort ou dans une grave maladie, un moribond ou un malade peut se dégager de son corps physique et apparaître loin de ce corps à un ami ou à une personne sympathique (Télépathie).

Il n'y a même pas lieu de s'étonner de ce fait, car, l'état de trouble qui précède la mort est une sorte d'hypnose, à un degré si intense, qu'il permet le dégagement conscient ou inconscient du moribond ou du malade et ce dégagement rend certains morts très clairvoyants.

On est parvenu à fixer par la plaque photographique, sur des plaques Lumière, les effluves humains : Fluide odique de Reinchenbach, fluide magnétique de Mesmer ; je ne doute pas qu'on ne puisse fixer très prochainement, d'une manière très saisissable, les auras qui sont divers et diversement colorés, comme nous l'avons vu, mais qui changent également d'aspect et de tonalité, suivant les divers états d'âme, suivant aussi les divers caractères et tempéraments, suivant les diverses passions qui agitent l'homme : amour, colère, jalousie, quiétude, angoisse, etc.

Diverses personnes croient avoir obtenu des photographies de l'aura ou effluves humains ; nous sommes persuadés que ces personnes se trompent et confondent les effluves Caloriques et l'aura proprement dite.

L'âme humaine, qui a une partie matérielle et perceptible, est, elle aussi, susceptible d'être colorée par l'aura ; d'après un auteur anglais, elle peut être colorée en jaune, en rouge, en gris, en bleu et autres couleurs ; mais je ne saurais insister sur ce point n'ayant pu l'expérimenter et m'assurer du fait par un clairvoyant et a fortiori par moi-même.

## De l'âme et de sa nature

L'âme est le principe supérieur de l'homme, dans lequel réside sa sensibilité, son entendement et sa volonté. Ce principe agit sur le corps physique par l'intermédiaire de l'astral. D'après des études et des observations psychologiques, l'âme serait le principe qui sent, qui pense, qui veut et qui commande.

On dit d'un homme d'une rigide probité, c'est une âme bien trempée !

D'après la Doctrine du Ternaire ou des trois principes, un seul d'entre eux représente l'âme ; mais en analysant ces principes pour former le Septénaire, l'âme se subdivise en plusieurs autres éléments, elle comporte, comme nous l'avons dit au commencement du présent chapitre, sept principes.

Si Dieu et l'immortalité ont fourni matière à de nombreuses études et controverses, à des discussions jamais terminées, de son côté, l'âme a été un des problèmes les plus étudiés par les penseurs et les philosophes de tous les temps et de tous les pays. Du reste l'âme et l'immortalité sont des sujets presque identiques et qui, en tous cas, sont réunis entre eux par de puissants liens, ainsi qu'avec l'idée de Dieu.

Les rapports de l'âme et du corps sont tellement évidents que, de tous temps, l'homme a cherché à se les expliquer. Il s'est efforcé surtout à découvrir quels sont les organes qui subissent l'influence immédiate des facultés psychiques et qui à leur tour réagissent sur l'âme.

Dans quelle partie du corps humain réside l'âme ? On l'a placée tantôt dans le cœur, tantôt dans le cerveau ; nous verrons bientôt ce qu'il peut y avoir de vrai dans ces suppositions.

Dans l'Antiquité, quelques Philosophes ne voyaient dans l'âme qu'un souffle ($\pi\nu\varepsilon\upsilon\mu\alpha$), c'étaient les Épicuriens. Ils plaçaient l'âme dans le cœur [6] ; d'autres la considéraient comme un foyer, une harmonie qui produisait l'organisation des corps, ce qui faisait dire à Platon que l'âme est « un principe qui se meut de lui-même ».

Beaucoup de philosophes distinguaient dans l'homme plusieurs âmes la confondant ainsi avec ses diverses manifestations ; ils reconnaissaient en conséquence une âme raisonnable, une âme irascible, une âme courageuse, etc, ; cette idée étrange a été admise par Pythagore, Platon, ainsi que par divers philosophes de l'Orient. Aristote, lui, admettait cinq âmes : l'appétive, la motrice, la nutritive, la sensitive, enfin l'âme rationnelle.

Inutile de dire que toutes ces suppositions sont reconnues aujourd'hui erronées, et que l'on admet que la nature de l'homme crée une ligne de démarcation distincte entre l'âme, le corps et l'esprit. – Descartes, dans ces temps modernes, a le premier entrevu cette démarcation

Si, en effet, on considère l'âme dans sa nature et d'après les caractères qui lui sont propres, on voit qu'elle, est une, identique, et susceptible de sentiment et d'intelligence ; elle se distingue du Moi, qui constitue la Personnalité humaine, bien que substantiellement le Moi et l'âme ne soient qu'un seul et même être pensant, doué de trois qualités ou attributs, qui sont : l'Unité, l'Identité et l'Activité, et dans chacun de ses actes, l'âme se montre fonctionnant avec ses attributs et pouvant dire : « Je sens, je connais, j'agis. »

Ces trois attributs : Unité, Identité, Activité se trouvent-ils dans la matière ? Certainement non ! Il faut donc admettre qu'il existe dans l'homme deux substances différentes, comme nous l'avons dit ci-dessus : l'une matérielle : le corps, l'autre immatérielle : l'âme.

Cette double substance admise, il devient nécessaire d'étudier les rapports qui existent entre les deux substances et l'influence qu'elles exercent réciproquement l'une sur l'autre. Cette étude fort complexe ne présente aucune difficulté pour le matérialiste, puisque celui-ci nie l'existence de l'âme, ce qui, du reste, est très commode et dispense de donner des explications. Malheureusement, il ne suffit pas de nier l'existence d'un fait pour que celui-ci n'existe pas ou cesse d'exister et supprimer une question n'est pas la résoudre ; c'est ce qui arrive pour tout et surtout pour la Psychologie.

On aura beau nier l'existence de l'âme, cela ne prouvera rien, absolument rien ; au contraire, si ce fait était si évident par lui-même, il y a de longs siècles qu'on ne s'en occuperait plus. Et Dieu sait, s'il y a longtemps qu'on étudie la question, nous pouvons même dire que jamais elle n'a autant préoccupé que de nos jours les esprits sérieux.

Sans remonter trop haut dans l'histoire, nous dirons que les Épicuriens, dont nous venons de parler ont vu dans l'âme, un simple organe, comme le pied, la main, l'ail, l'oreille. Pour eux, c'est un simple composé moléculaire et c'est au mouvement de ses molécules, auquel ils attribuaient ses sensations.

Nos matérialistes modernes ont absolument adopté ce même raisonnement.

Écoutons-les un instant ; ils disent avec Cabanis [7] que « deux grandes modifications de l'existence humaine se touchent et se confondent par une foule de points correspondants et que les opérations désignées sous le nom de morales résultent directement, comme celles que l'on nomme Physiques, de l'action soit de certains organes particuliers, soit de l'ensemble du système vivant ».

Avec Broussais, les matérialistes modernes prétendent, en termes plus explicites encore, que « toutes les facultés de l'homme sont attachées à son Encéphale ; que l'intelligence n'est pas une chose indépendante du corps, qu'elle tient à un cerveau vivant dans certaines conditions… et qu'on doit rallier les phénomènes instinctifs et intellectuels à l'excitation du système nerveux. ».

De sorte qu'un idiot et un crétin pourraient d'après cette belle définition, devenir de grands hommes, des grands Génies, si on excitait fortement leur système nerveux !…

Quels génies devraient être, d'après cette définition, les forcenés, les fous furieux qui ont leur système nerveux très fortement excité !…

Cette excitation ne manquerait pas certainement d'augmenter le volume du cerveau, de l'Encéphale qui est considéré comme le centre nerveux par excellence.

Or, les faits, nous venons de le voir, contredisent cette proposition, puisque les déséquilibrés, les fous, les forcenés sont des individus qui ont générale ment le système nerveux dans un état de surexcitation parfois extraordinaire. Ce n'est donc pas dans cette excitation, dans cette hyperesthésie, qu'il faut chercher l'explication des phénomènes psychiques.

Nous ne poursuivrons pas nos recherches dans cette voie, mais nous mentionnerons l'opinion d'un de nos docteurs contemporains qui résume celle des matérialistes. Comme ses prédécesseurs plus ou moins célèbres, le Dr Charles Richet place lui aussi dans l'Encéphale, les fonctions psychiques, « Toutefois, dit-il [8], nous ne nous étendrons pas ici sur ce problème difficile et intéressant. C'est à la Physiologie expérimentale jusqu'à présent, pour des motifs divers, assez impuissants en cette matière, qu'il appartient de résoudre la question. Il nous suffira d'admettre, ce qui est à peu près incontestable, que les fonctions psychiques sont une des fonctions de l'Encéphale. »

Le « à peu près incontestable » est un pur chef-d'œuvre ; en science il ne faut pas des à peu près , surtout quand un objet est absolument contestable ; nous nions formellement que les fonctions psychiques dérivent de l'Encéphale. Les travaux du colonel de Rochas l'ont absolument démontré [9] . Mais poursuivons, et nous allons voir que les recherches anatomiques ne peuvent en rien éclaircir, ni même simplement éclairer la question ; ce n'est pas nous, mais le Dr Richet lui-même qui le dit ; écoutez plutôt :

« Mais tous ces faits » (relations du système avec ses fonctions : système nerveux central, capillaires, tubes nerveux, membrane, protoplasma, noyau, myélacytes, substance blanche, substance grise, etc., etc.), mais tous ces faits, si bien observés qu'ils soient, ne nous sont d'aucune utilité en psychologie. L'anatomie n'a jamais pu donner que de bien pauvres notions psychologiques et la psychologie peut, moins que toute autre branche des sciences physiologiques, espérer quelques éclaircissements dans les recherches des anatomistes.

« Il serait pourtant bien intéressant de savoir dans quel élément du système nerveux siège l'activité psychique. On admet, comme un dogme inébranlable, que la cellule nerveuse est l'élément actif du système nerveux, que les fibres blanches ne jouent qu'un rôle accessoire, un rôle de conduction . Mais cet axiome universellement admis, et que nous nous garderons de contredire, aurait besoin d'être démontré mieux qu'il ne l'a été jusqu'ici. On ne peut alléguer à cet effet que des vraisemblances, des analogies, des présomptions. La preuve directe n'est pas faite et, en fait de science, il n'y a que des preuves directes qui puissent entraîner des certitudes. »

Nous ne pouvons qu'approuver pleinement ce dernier paragraphe ; il ne faut pas des à peu près en science et, certainement dans la question, la preuve directe n'est pas faite.

La cellule nerveuse est bien l'élément actif du système nerveux, mais l'activité psychique ne réside pas seulement dans un système nerveux quelconque. On ne veut voir en ceci que la matière, et dès lors le problème est insoluble, parce qu'un des éléments essentiels manque. Cet élément, c'est la Spiritualité, c'est-à-dire une essence supérieure, divine, qui complète l'activité psychique, qui alimente l'âme tout entière, et combien puissamment !

C'est pour se manifester à nos sens physiques que l'âme a besoin d'un organe, et cet organe réside dans le système nerveux : absolument comme pour la production de la lumière électrique, il faut des substances matérielles, une force, des acides, des sels, des métaux ; mais la lumière produite est-elle aussi matérielle que les organes de la production ? Personne ne saurait le soutenir. L'électricité est impondérable ; dans le vide, son extension est incalculable ; enfin, elle ne connaît pour ainsi dire pas de distance, en une seconde elle fait plusieurs fois le tour de la terre ! Ce ne sont pas là des propriétés de la matière ordinaire ; l'électricité a donc, pour ainsi dire, quelque chose d'immatériel, de spirituel, s'il nous est permis de dire, qui peut faire comprendre le rayonnement, l'expansion de l'âme. Eh bien ; il en est de même de l'activité psychique et cela à un degré beaucoup plus intense. Le système nerveux remplace, en ce qui concerne l'âme, les piles, les accumulateurs de l'électricité ; et l'âme, fluide qui a plus d'un point de ressemblance au fluide électrique, l'âme, disons-nous, vient se condenser dans le centre nerveux et produire les phénomènes si surprenants qui se révèlent chez l'homme : les PHÉNOMÈNES PSYCHIQUES.

Et nous allons donner ici des preuves de ce que nous avançons, preuves que nous croyons irréfutables.

Si l'activité psychique, que l'on est convenu d'appeler Âme , n'était que le résultat, le produit de la matière, comment expliquer les phénomènes de magnétisation, d'hypnotisme, de suggestion, de clairaudience, de claire vue ou double vue ; comment admettre, par exemple, qu'une personne éveillée douée de double vue, qui est là devant vous, puisse voir à n'importe quelle distance et qu'elle puisse voir dans le présent, dans le passé et dans l'avenir, dans un avenir relativement prochain. La matière seule ne permet pas d'atteindre de pareils résultats. Il y a donc, dans ces faits, un principe qui échappe à la matière ; il y a quelque chose d'éthéré, de spirituel, de divin et c'est ce principe, ce quelque chose qui est l'âme, qui la constitue, la rend toute différente de la matière et la fait immortelle.

Ceci dit, nous ne nous faisons pas, d'illusion sur ce que nous venons d'avancer ; la science se contentera de nier, mais qu'est-ce que cela prouve ? Est-ce que la science ne nie pas encore, en grande partie du moins, tous les faits d'hypnotisme transcendant, de suggestion, de double vue, de claire audience. Et cependant, nous pouvons affirmer que nous avons vu et voyons tous les jours depuis trente ans des faits de double vue et de claire audience tellement extraordinaires et authentiques qu'il ne nous est pas possible de ne pas constater qu'en dehors du monde matériel, il existe un monde spirituel ou, disons mieux qu'en dehors des systèmes matériel, mécanique, physique, il y a un système spirituel réciproquement représenté dans l'homme par le corps et par l'âme.

Ce que nous avançons est établi sur des preuves incontestables, qu'il n'est pas donné à tout le monde de voir aujourd'hui, mais quand l'humanité aura progressé, ces preuves à l'heure présente au pouvoir seulement de quelques privilégiés, seront tellement surabondantes que la question psychique ne sera même plus discutée, tant elle sera brillamment éclairée, tant elle sera claire et lumineuse.

Ce jour-là, les Physiologistes ne seront pas obligés de chercher, au milieu de tous les systèmes nerveux, un système nerveux psychique .

1. Cf. DICTIONNAIRE D'OCCULTISME et de PSYCHOLOGIE, 2 vol. in-12 illustrés.

2. Voir dans l'INITIATION, noi (octobre 1902) un article que nous avons écrit sur ce sujet pp. 31 à 38.

3. Sous ces termes, il faut entendre l'ensemble des phénomènes qui s'accomplissent dans ces divers états, ce dont ne semble pas se douter Littré, qui définit ainsi, dans son Dictionnaire , ces états : Sensation d'une sorte de vapeur qui parait sortir du tronc ou des membres avant l'invasion des attaques d'hystérie et d'épilepsie : aura hystérique, épileptique ; Étymologie aura souffle (?).

4. Ne pourrait-on pas aussi reconnaître le fluide magnétique ou hypnotique des modernes dans la description faite par Paracelse.

5. In. La Psychologie devant les sciences et les savants , 1 vol. in-18. Paris, 1894.

6. LUCRÈCE, de naturà Rerum III, 141 : media regione in corpore hœvet . »

7. Rapports du Physique et du Moral de l'homme .

8. ESSAI DE PSYCHOLOGIE GÉNÉRALE, pages 29 et 30, un vol. in-18, Paris, 1887.

9. Cf. notamment les deux ouvrages suivants ; Les États superficiels de l'hypnose ; les États profonds de l'hypnose .

## Les âmes diverses de l'homme

Nous n'ignorons pas aujourd'hui, que si l'on provoque l'hypnose chez un sensitif, on peut augmenter graduellement l'effet et déterminer trois états superficiels ou états profonds de l'hypnose.

De prime abord, il est difficile de s'expliquer pourquoi une même opération magnétique peut faire passer le sujet par de nombreux états si différents les uns des autres, mais plus particulièrement par trois états spéciaux. Ceci tient à un fait qui, jusqu'ici, est resté inexplicable et que nous pensons pouvoir expliquer par la kabbale, c'est la possession par l'homme de trois âmes différentes ; lesquelles âmes correspondraient aux trois états principaux de l'hypnose.

Nous savons qu'en psychologie, il existe trois mondes ; le monde physique, le monde astral et le monde spirituel : or, l'homme Microcosme, étant l'image du Macrocosme, comporte trois corps : le corps physique, le corps astral, et le corps spirituel (Buddhique des hindous, Glorieux des catholiques).

# Chapitre VI

# Curiosités sur les nombres

Les anciens tenaient pour malheureux les nombres pairs et pour favorables les impairs, particulièrement les nombres 3, 7 et 9, d'où l'adage :

Numéro Déus impare gaudet !

Les Dieux se réjouissent des nombres impairs !

De tous les nombres, le plus mystérieux était le nombre 3 ; et, dès le commencement du monde, il figure partout. Ainsi Adam eut trois enfants : Caïn, Abel et Seth. Noé en eut également trois : Sem, Cham et Japhet ; l'arche que construisit ce patriarche avait 300 coudées de longueur, et elle comportait trois étages.

Abraham reçut la visite de trois anges.

Samuel fut consacré à l'âge de 3 ans.

Aaron dit Montagne naquit trois ans avant son frère Mosché (Moïse) ; celui-ci fut caché trois mois par sa mère Jochabed et alors, il fut sauvé des eaux ; 3 ans plus tard, il fut adopté par la Princesse Thermouthis, comme fils.

Trois mois après sa sortie d'Égypte, Jéhovah donna à Mosché, sa loi sur le Sinaï. Bientôt, trois lévites : Dathon, Coré et Abiron sont engloutis sous terre.

La loi de Moïse comporte trois parties : la partie morale, la partie politique et la partie rituelle.

Il faudrait de nombreuses pages pour énumérer tout ce qui a rapport au nombre 3 dans la Bible ; aussi devons-nous borner notre nomenclature aux faits les plus connus, partant indiscutables.

Nos lecteurs connaissent les trois mots fatidiques qui apparurent tout à coup en lettres lumineuses sur les murs de la salle de festin de Balthazar : MANE, THÉCEL, PHARÈS !

De même que ceux des trois compagnons de Daniel qui furent jetés dans la fournaise ardente : Ananias, Mizaël et Azarias.

Jonas resta trois jours dans le ventre d'une baleine. Les Philistins tuèrent les trois fils de Saül, conformément à la prédiction de la Sorcière qui avait évoqué l'âme de Schamuel (Samuel).

Judas Machabée remporta 3 victoires. On prétend qu'Absalon le fils révolté de David fut percé de trois dards par Joab ou de trois coups de dard.

Le royaume de David comprenait trois tribus : celle de Juda, de Lévi et de Benjamin. Ce saint roi ayant offensé le Seigneur eut à choisir entre trois fléaux comme punition : la peste, la famine ou la guerre ; le Saint Roi choisit la peste qui lui enleva 70 000 sujets, qui étaient totalement étrangers à l'affaire.

Dans un autre ordre d'idées, nous voyons que le Grand Sanhédrin des Juifs siégeait à Jérusalem et que dans ce tribunal, il y avait des juges de trois conditions différentes : des prêtres, des Lévites et des hommes de toutes les tribus, mais qui devaient être cependant propriétaires.

L'Arche sainte contenait trois objets ; les Tables de la Loi, une Mesure de manne et la Verge d'Aaron.

Dans les Jours de deuil, les Israélites n'absorbaient, après le coucher du soleil, que trois choses : du pain, des légumes et de l'eau.

Ces mêmes Israélites n'avaient que trois fêtes principales : la Pâque, la Pentecôte et la Fête des Tabernacles.

L'eau de la Fontaine de Job était trois mois claire, trois mois troublée, trois mois verte et trois mois rouge.

Ceci cache un symbole qui n'a pas encore été expliqué, pensons-nous !

## Du nombre 3 chez les grecs

Dans la mythologie grecque, nous trouvons constamment ce chiffre 3 ; ce sont les enfants de la Terre seule : Brouté, Stéropé et Argé (Les Cyclopes), trois enfants de la Terre et du Ciel : Cattus, Briarée et Gygès (Les Géants) ; les trois Dieux majeurs : Jupiter, Neptune et Pluton.

Les 3 noms de Jupiter de Crète : Jupiter, Jovis et Zeus.

Les trois principales divinités : Jupiter, Cybèle et Neptune.

Le nombre 3 est tout particulièrement révéré dans les actes astrologiques, de même que dans les rites et les cérémonies de la religion ; c'était, du reste, le nombre 3 ou impair qui était agréable aux Dieux, comme nous l'avons vu ci-dessus.

Aussi les attributs de beaucoup de Dieux étaient triples : Jupiter avait ses foudres trifourchues ; Neptune portait comme insigne un trident ; le Royaume Pluton portait trois noms : Enfer, Tartare, Ténare.

Le portier de l'enfer Cerbère était tricéphale (à trois têtes).

Il y avait trois juges : Eaque, Minos et Rhadamante ; il y avait également trois Parques : Clotho, Lachesis et Atropos.

Il y avait aussi trois Euménides ou Furies : Alecton, Mégère et Tysiphonès.

Trois fleuves arrosaient les Enfers : l'Achéron, le Cocythe et le Phlégéton.

Enfin les Grecs avaient donné trois noms et trois attributs à Diane, à Minerve, à Vénus, à Pluton, à Mercure, à Apollon, etc.

Le héros Thésée délivra la Grèce de trois brigands : Sinnis, Sciros et Procuste, et c'est bien à tort que l'on confond quelquefois ces deux derniers avec Sinnis.

Le fameux monstre Géryon, tué par Hercule avait trois corps qui ne tenaient ensemble que par la région abdominale, et c'est pour cela qu'on l'avait surnommé : Tricorpor, Triformis, Trigeminus.

Chez les Grecs, un grand nombre de fêtes duraient trois Jours ; pour purifier les Assemblées, les prêtres les aspergeaient trois fois avec des branches de verveine et pour faire l'eau lustrale, il y fallait employer trois choses : de l'eau pure, un tison ardent et un foyer sacré servant à allumer le tison.

Ils admettaient trois âmes.

Ils honoraient plus particulièrement trois femmes pour leurs vertus matrimoniales : Pénélope, Alceste et Arthémise ; trois filles pour leur piété filiale : Antigone, Erigone et Métra.

Une loi défendait aux jeunes fiancées d'apporter chez leur mari plus de trois robes,

Les Grecs avaient trois grâces : Euphrosyne (la joie) ; Aglaé (l'éclat de la beauté), et Thalle qui présidait aux festins.

Trois déesses rivales en beauté : Junon, Minerve et Vénus ; trois Syrènes ; Aglaope, Pisinoé, Theixiépié ; trois Hellades ; Phaéthuse, Lanipethie et Phœbé ; trois Hespérides : Maia, Electres, Taygètes, ou bien : Eglé ; Aréthuse et Hespéruse.

La Chimère grecque était formée de trois animaux différents : Chèvre, Dragon et Lion.

Le Sphinx était également tripartite ; tête et poitrine de femme, corps de lion et ailes d'oiseau ; l'énigme qu'il proposait au voyageur comportait trois questions :

Quel est l'animal qui dans son enfance, marche à quatre pattes, sur deux dans la vigueur de l'âge et sur trois dans la vieillesse ? C'est l'homme.

Il y avait trois Gorgones : Gorgo ou Méduse, Steinho ou Stheno et Euryale.

Les Sibylles et les Pythonisses rendaient les oracles sur un trépied.

Socrate recommandait trois choses à ses disciples : la Sagesse, la Pudeur et le Silence.

De même que Vulcain eut trois forges : à Lemnos, à Lipari et sur le mont Etna, de même Bacchus eût trois nourrices : Bromie, Bacchée et

Macris et à toutes trois, il leur tarit leur lait, tellement il était vorace.

## Chez les Romains

Dans la vie du Christ, le nombre 3, revient fréquemment : Dis sa naissance, trois Mages ou Rois [1] vont lui rendre hommage et lui offrent trois présents : de l'encens, de la myrrhe et de l'or ; ils lui donnent trois qualifications ; Roi, Dieu, Homme.

Jésus reste trois jours dans le temple de Jérusalem ; au jardin des Oliviers, il fait trois prières.

Renié trois fois par Pierre, il fut supplicié le troisième des condamnés à mort avec trois clous, le 3 avril ; il est censé mourir à trois heures du soir et ressusciter le troisième jour âgé de trois fois 11 ans ou 33 ans [2].

Durant les trois premiers siècles de l'Église, on ne baptisait point les enfants à leur naissance, mais à tout âge, en les plongeant trois fois de suite dans l'eau. C'est pour rappeler ce baptême primitif que le prêtre catholique verse trois fois de suite de l'eau sur la tête de l'enfant.

La religion catholique reconnaît trois vertus théologales : la foi, l'espérance et la charité, trois séjours dans l'au-delà : Enfers, Paradis et Purgatoire.

Il a existé trois sectes judaïques : Rabbiniste, Karaïte et Samaritaine ; trois sectes chrétiennes, Catholique, Protestante, Schismatique.

Eusèbe, Évêque de Cœsarée, l'ami de Constantin, nous dit que le nombre trois est le plus parfait de tous et l'image même de la Divinité.

Un auteur ecclésiastique Didyme, qui vivait au IVe siècle de l'ère vulgaire, vers 380, nous informe que le nombre 3 se rapporte à ce qu'il y a de plus parfait et de plus divin.

Romulus (troisième de nom) fonde Rome avec 3 300 habitants divisés en tribus.

Nous connaissons le combat des trois Horaces et des trois Curiaces, ainsi que les trois livres die la Sibylle de Cumes ; ces livres au nombre de trois fois trois ou neuf furent présentés à Tarquin, une première fois, et comme ils furent refusés, la Sibylle en brûla, trois ; puis une seconde fois présentés et refusés, elle en brûla trois autres ; enfin présentés une troisième fois, les trois derniers furent achetés par Tarquin et enfermés au Capitole.

Chez les Romains, le Sacerdoce était divisé en trois compagnies : les Fabiens, les Juliens et les Quintilliens.

Le Temple de Janus fut fermé trois fois dans le courant de sept siècles ; c'est ce même Dieu Janus qui portait inscrit dans sa main droite le nombre 300 et dans sa gauche 65 qui fournissaient ainsi le nombre de jours de l'année.

Nous savons qu'à Rome, il y avait trois classes : Patriciens, Chevaliers et Plébéiens.

Il y avait également trois sortes de magistrats ou Triumvirs ; dans les Tribunaux, les magistrats avaient trois boules ; la première marquée A, la deuxième marquée C et la troisième N.L.(non liquet).

Chez les Romains, les mois étaient divisés en trois parties : Calendes, Nones, Ides.

Ils avaient trois anneaux distinctifs : l'un en or pour les chevaliers, un autre en argent pour les simples citoyens et le troisième en fer pour les esclaves ; ceux-ci étaient divisés en trois classes.

Sous la République Romaine, les Dépouilles Opimes furent remportées trois fois ; les fêtes en l'honneur des Dieux duraient généralement trois jours et trois nuits ; il y avait trois sortes de jeux solennels : jeux fixes ; jeux votifs ; jeux extraordinaires.

Marius fut nommé le troisième Fondateur de Rome ; le second avait été Camille qui avait délivré Rome des Gaulois, commandé par un Brenn ou Chef (Brennus).

Trois Paranymphes ou jeunes garçons vierges conduisaient les nouvelles mariées chez leur époux. Le Suovetaurilium était un sacrifice qui comportait la consécration de trois animaux : Porc (Sus), Brebis (Ovis) et Taureau (Taurus), ce qu'exprime le terme Su-Ove Tauri-lium.

1  Melchior, Baltasard et Gaspard.

2  Dans la Vie Ésotérique de Jésus de Nazareth , qui vient de paraître, nous démontrons que J. C. n'est pas mort sur la croix ; 1 vol. in-8°. Paris, Chacornac.

## Sur le triangle équilatéral

Le Triangle, nous le savons, appartient au nombre 3 ; il est connu de toute Antiquité et a été certainement un des premiers symboles utilisés par les hommes, avant l'emploi même du langage peut-être ?

Dans le triangle, l'angle du sommet symbolise Dieu ; l'angle gauche de la base : le Soleil (ou le Fils) et l'angle de droite : le feu (ou le Saint-Esprit) ; c'est là, le Triangle Divin .

Chez les Perses, le triangle était à la fois l'emblème de l'ÊTRE SUPRÊME et de la NATURE.

Zoroastre qui avait puisé sa Doctrine chez les Mages de Memphis, admettait deux principes coéternels : le Bien représenté par la Lumière : Ormuzd et le Mal par les Ténèbres : Arhimann.

Depuis le Roi Shlômo (Salomon), fondateur et protecteur de la F∴ M∴ et patron de l'O∴ des Templiers, le triangle et le nombre 3 ont toujours été considérés dans ces ordres comme sacramentels.

Schlômo ayant été trois, cinq et sept jours sans voir le premier G∴ M∴ Adonhiram, le fit chercher par neuf jeunes Maîtres : trois opérèrent leurs recherches par la Porte N (Nord) ; trois par la porte O (Occident) ; et trois par la porte M (Midi). Ces jeunes Maîtres ayant découvert Adonhiram qui avait été assassiné, mirent une branche d'Accada sur la terre qui recouvrait son cadavre, afin de pouvoir en reconnaître ultérieurement remplacement.

Schlômo fit alors inhumer le premier G∴ M∴ dans le Sanctuaire du Temple et fit placer sur son tombeau la grande médaille d'or triangulaire, qu'il remit également aux trois maîtres chargés des funérailles.

Cette médaille découpée dans le métal solaire (l'or) avait la forme Triangulaire, avons-nous dit, et portait inscrit dans un cercle le nom de JEVE. Ceci eut lieu 1004 ans avant J.-C.

Nous avons donné plus haut la signification du Triangle divin, nous donnerons ici celle du Triangle lumineux : le sommet représente l'Éternité, l'angle droit de la base : la Puissance ; l'angle gauche : la Science.

Les trois grandes lumières placées en équerre sur l'autel M∴ représentent l'une l'Orient, l'autre l'Occident et la troisième le Midi.

Le Chandelier à sept branches qui figure sur le même autel représente :

Les trois monts : Moriah, Heredon, Sinai ;

Les trois piliers triangulaires ;

Le Pont à trois arches.

Les trois grands coups qui frappèrent Adonhiram sont également symboliques, comme le nom du Grand Premier Maître dont le nom Hébreu se compose de Adon Seigneur, et Hirant, hautesse de l'âme.

Trois scélérats l'assassinèrent ce maître et Schlômo fit exposer leur tête : l'une au Midi, l'autre à l'Orient et la troisième à l'Occident.

Les trois premiers grades de la F∴ M∴ sont : A∴ C∴ M. ; les trois premiers âges sont 3, 9, 27.

Dans la F∴ M∴ les santés sont portées en trois coups ou canons et en triangle par trois personnes.

Nous terminerons ce qu'il nous reste à dire sur le nombre 3 par quelques généralités et faits historiques.

Disons tout d'abord qu'un grand nombre d'objets comportent trois choses : le commencement, le milieu et la fin ;

Que toute chose se transmet commercialement d'un individu à un autre par nombre, poids et mesures, c'est-à-dire de trois façons ;

Que tout syllogisme se compose de trois propositions : la Majeure, la Mineure, la Conséquence.

Le temps comporte trois états : le Passé, le Présent et l'Avenir.

## Faits historiques

Ferdinand-le-Catholique bannit les Juifs d'Espagne et ne leur donna que trois mois sous peine de mort pour quitter le pays, avec défense expresse d'emporter avec eux aucune espèce d'Or ou d'Argent.

Il fut fait défense aux chrétiens de les assister en quoi que ce soit et cela, sous peine d'excommunication majeure.

D'après cette loi inique, il sortit environ un million de Juifs d'Espagne, dont la plupart eurent une fin malheureuse. Les trois mois écoulés, les Inquisiteurs de la Foi se livrèrent à îles recherches méticuleuses et le nombre des condamnés fut encore considérable. Le grand nombre de Juifs que les inquisiteurs firent périr par le feu, força le préfet de Séville à faire construire hors les murs un bûcher en maçonnerie qui s'est conservé jusqu'à nous, sous le nom de Quemadoro (lieu du feu) [3].

Le Tribunal du Saint-Office avait trois juges et trois sortes de tortures principales.

Ce fut Innocent III, qui rétablit la Torture que la Catholicité avait abolie avant lui.

La première torture était la Corde ; la seconde, l'Épreuve de l'eau , et la troisième, celle du Feu , dénommée l'UTILE.

L'Inquisition faisait revêtir trois livrées : le Sanbenito , costume de toile jaune chargé d'une croix de Saint-André rouge sur le devant et sur le dos du costume ; la Samarra en toile grise avec le portrait (simulacre ) du condamné entouré de démons dansant une sarabande au milieu des flammes.

Enfin la Samarra , couverte de flammes renversées. Tous les condamnés étaient coiffés d'un bonnet, pointu chargé de flammes et de petits diablotins.

3. LORENTE, Histoire de l'Inquisition d'Espagne.

## Sur le nombre 7

Le nombre 7 était considéré chez les anciens comme sacré et, comme nous le verrons bientôt, il a joué un grand rôle dans l'histoire des Israélites, chez beaucoup d'autres peuples et dans la Franc-Maçonnerie.

Dans les songes du Pharaon expliqués par Joseph figuraient sept vaches grasses, sept vaches maigres ; sept épis gras et sept épis maigres ; sept années d'abondance et sept années de disette et de stérilité.

De même que le nombre 3, le nombre 7 a joué chez les Israélites, nous venons de le dire, un rôle important. Ils ont eu sept Macchabés, le Livre des sept sceaux, le chandelier à sept branches.

Jacob servit sept ans chez Laban pour obtenir la main de Rachel, mais son beau-père rayant trompé et lui ayant donné Lia, il servit encore sept ans pour obtenir enfin Rachel.

Sara épouse sept maris, qu'Asmodée étrangle consciencieusement ; enfin elle épouse Tobie qu'Asmodée lui laisse.

Jéthro à sept filles.

Les Israélites sont réduits sept fois en esclavage. Ils ont sept étoiles, sept anges, devant le Seigneur (la face de Dieu) ; ils ont sept Coupes d'or.

Les Hindous reconnaissent dans le corps de l'homme sept fluides premiers, qu'ils nomment Dhatous et qui constituent la substance plastique, dans laquelle les divers tissus du corps puisent leurs principes nourriciers. Ces fluides sont la lymphe (Rasa), le Sang (Rudira), la Fibrine (Mâmsa) constitutive des muscles, un liquide particulier du Périoste (Asthi) qui sert à la production de l'os ; la moelle contenue dans ceux-ci (Maijâ) et qui est produite par leur transformation intérieure ; la substance graisseuse (Médita) qui produit l'obésité ; enfin, la Semence ou Sperme (Soukla) substance assez complexe, qui sert à lubrifier l'être, intensifier sa vie, quand elle n'est point utilisée pour la reproduction.

Tout corps sain possède, dans des proportions convenables, ces sept fluides ou liquides primordiaux.

Les Perses avaient une légende analogue à celle de l'Échelle de Jacob ; chez eux, c'était un escalier immense en forme de vis qui, partant de la terre, s'élevait jusqu'aux cieux et conduisait à sept portes : la première était de plomb ; la seconde d'étain ; la troisième d'airain ; la quatrième de fer ; la cinquième de bronze ; la sixième d'argent ; enfin, la septième d'or. Ces portes célestes étaient les sept planètes des anciens : Saturne, Vénus, Jupiter, Mercure, Mars, la Lune et le Soleil.

On retrouve du reste des allégories relatives aux sept portes et aux sept planètes chez un grand nombre de nations.

Le nombre 7 apparaît rarement en Grèce ; cependant nous voyons sept chefs ou Généraux assiéger Thèbes. Comme le Dragon des Hespérides, l'hydre de Lerne avait sept têtes. Les Grecs avaient sept Pléiades, sept Sages : Thalès, Bias, Cléobule, Solon, Chilon, Pittachus et Périandre [4] ; ils admettaient sept merveilles, les Pyramides d'Égypte, le Phare d'Alexandrie, le Colosse de Rhodes, le Tombeau de Mausole, le Temple de Diane à Éphèse, la statue de Jupiter Olympien, enfin le Labyrinthe de Crète.

Pythagore avait coutume de prononcer sept Aphorismes, qui sont restés célèbres et que voici :

1. – Sois longtemps à te faire un ami et à t'en défaire !

2. – Ne méprise personne ; un atome fait une ombre.

3. – Ne souille point le ruisseau qui t'a désaltéré.

4. – En hiver, ne demande pas asile à un ingrat ; la cendre des tombeaux n'est pas plus froide que celle du foyer d'un ingrat.

5. – Passe au vieillard ses défauts ; redresse-t-on le fer quand il est froid ?

6. – Ne môle point de fiel dans la coupe des absents.

7. – Si tu crains la boue et le sang, ne touche que du doigt un peuple en révolution.

4\_ Ils écrivaient en cercle les noms des sept Sages , ne voulant pas déterminer par un classement quelconque, leur rang.

## Du nombre sept en maçonnerie

Sept est un nombre sacré en M∴ on l'applique aux sept planètes, aux sept dons du Saint-Esprit : Beauté, Divinité, Honneur, Puissance, Gloire, Force et Sagesse.

La Beauté sert à embellir.

La Divinité est le caractère de la M∴

L'Honneur est la base du travail des Chevaliers de la M∴

La puissance est nécessaire pour comprimer les ennemis de l'O∴

La gloire est le partage du plus humble M∴ comme du plus grand Prince.

La Force nous soutient.

La Sagesse nous guide.

Les sept étoiles signifient : l'Amitié que nous devons à nos F∴, la Soumission que nous devons au Maître ; la Discrétion, qui nous est indispensable ; la Fidélité dans nos engagements ; la Prudence guide du M∴, le Secours à nos F∴, la Tempérance aussi salutaire au corps qu'à l'esprit.

Les sept branches du chandelier indiquent : la haine, la discorde, l'orgueil, l'indiscrétion, la perfidie, l'étourderie et la médisance que le M∴ doit éviter par-dessus toutes choses.

L'arc, les flèches et la couronne indiquent que les ordres du Très Puissant doivent être exécutés avec la rapidité qu'une flèche met à fendre l'air et la soumission qu'on doit avoir pour la Hiérarchie ; l'épée signifie que la L∴ a des armes pour punir les traîtres ; la Balance, la justice qui s'y exerce ; la tête de mort est le frère indigne, exclu de la L∴

Les sept trompettes figurent la Gloire et la Renommée de l'O∴, le linge ensanglanté rappelle la mort d'Hiram.

Selon l'Écossais Trinitaire, il y a sept intelligences célestes, les sept sacrements, les sept grades maçonniques, les sept jours de la création, les sept années employées à la construction du Temple, les sept Béatitudes, les sept Arts libéraux : Peinture, Sculpture, Architecture, Gravure, Musique, Littérature, Poésie.

Selon le chevalier du Soleil, il y a sept métaux, sept délices de la vie qui sont les cinq sens plus le repos et la santé qui représentent deux sens intimes que l'homme aura un jour, quand il sera plus évolué.

Il y a aussi les couleurs primitives ou principales ; les sept passions utiles, quand on les modère et qui sont mortelles quand on s'y abandonne sans réserves.

Il y a sept Chérubins : Mikaël, qui est comme Dieu ; Gabriel, force en Dieu ; Ouriel, feu de Dieu ; Zérachiel, Dieu levant ; Chamaliel, indulgence de Dieu ; Raphaël, médecine de Dieu ; Tsaphiel, Dieu caché.

Dans l'Ancien Testament et dans l'Apocalypse le chiffre 7 joue un très grand rôle et nous pouvons bien dire que toute la Chronologie Biblique est en quelque sorte basée tout entière sur le Septénaire, de même que l'homme (microcosme) est également septénaire, comme le Macrocosme.

Les disciples de Jésus lui demandant un jour combien de fois on devait pardonner à ses ennemis, le divin maître leur répondit ! « Septante fois sept ! »

Si passant à la science, nous voulions traiter de la chimie au point de vue qui nous occupe, nous pourrions dire que celle-ci possède un rythmé septénaire, car ce chiffre 7 est à la base d'un très grand nombre de phénomènes et compositions chimiques, surtout dans les phénomènes sonores, lumineux et physiologiques ; ceux de nos lecteurs qui voudraient des preuves de ce que nous avançons n'auraient qu'à consulter les conclusions du D$^r$ Laycock et celles des chimistes Hellenbach et Mendelejet au sujet de ce que nous venons de dire…

Nous pourrions poursuivre cette déjà longue nomenclature sur le nombre 7, nous ne le ferons pas, car il faut savoir se borner et nous dirons quelques mots sur le nombre 9.

## Sur le nombre neuf

De quelque façon qu'on multiplie le nombre sacré 9, le résultat du quotient par l'union de deux chiffres qui l'expriment forme toujours le nombre 9 : 1 + 8 = 9 ; 9 × 9 = 81 = 8 + 1 = 9.3 × 9 = 27 ; 2 + 7 = 9 etc., etc., ainsi des autres jusqu'au complément cubique.

À cause de la solidité du cube, le nombre 8, premier nombre cubique, était l'emblème de la fermeté immobile de Neptune qui assure et affermit la terre par la grande masse de son poids (les eaux de la mer).

À propos du nombre 9 donnons d'après le journal l'Éclair [5] des renseignements d'actualité au sujet de la famille royale d'Angleterre : « La fatalité du chiffre 9 est telle qu'on écrivait dans une note datée de 1893, qu'il pourrait être l'emblème de la maison d'Angleterre. Un sujet de S.M. Britannique publia à cette époque un opuscule dans lequel il Rappelait que le duc de Kent, père de la reine (Victoria) faisait partie d'une famille de neuf enfants, que la reine Victoria est la neuvième souveraine d'Angleterre depuis la révolution de 1688 ; qu'elle est née en 1819, qu'elle est montée sur le trône en 1837 (1 + 8 + 3 + 7 = 19,) alors qu'elle était âgée de 19 ans.

Elle a eu neuf enfants ; l'aîné des fils est né le 9 novembre, et le prince de Galles épousa la fille de Christian IX de Danemarck, laquelle avait alors 19 ans.

C'est un Samedi (9 encore que la reine est frappée d'une attaque de paralysie, et elle meurt à 81 arts : 8 + 1 = 9.

---

[5] In Écho du merveilleux N° 98, 1$^e$ février 1901. Page 45.

## Sur le nombre 40

Les Juifs avant d'entrer dans la Terre Promise errèrent l'espace de 40 ans dans le désert.

Moïse resta quarante jours sur le Sinaï ; Elle resta quarante jours dans la solitude ; Jésus jeûna quarante jours dans le désert. Il parla de l'an 26 à 29 pendant quarante mois, il ne passa dans son sépulcre que quarante heures.

Entre sa résurrection supposée et son ascension, il s'écoula quarante jours.

Il vécut sur la terre quarante ans après sa crucifixion. Jérusalem fut détruite par les Romains quarante ans après l'Ascension, de Jésus-Christ.

Nous terminerons ce chapitre sur les nombres par quelques lignes de notre ami Albert Jhouney qui donnent un curieux résumé sur la matière.

L'éminent écrivain nous dit :

« De tous les modes généraux de la pensée, le nombre est le plus abstrait. – Il exprime l'idée d'un ou plusieurs, sans que rien soit indiqué par lui de leur nature. – Mais l'unité ou la multiplicité, et dans la multiplicité, les divers Nombres sont pourtant le signe des propriétés physiques, de caractères moraux. Car pour celui qui connaît intérieurement la substance, qu'un être soit un ou multiple et de telle particulière multiplicité, ne s'offre pas comme au hasard. – Les causes qui maintiennent un être absolument un ou le divisent relativement selon tel ou tel nombre ont une puissance capitale : celle de tout maîtriser dans l'être ou de faire persévérer les forces essentielles indépendantes qui le composent. Ainsi les Nombres, quand on en sait la substance, donnent-ils la science éternelle, et, quand on ignore la substance ne donnent-ils rien. 1, 2, 3, 4 Dominateurs et principes des Nombres sacrés. 1, c'est l'être, 2, le couple, 3, la génération, 4, l'enfantement, 1, 2, 3, 4 assemblés donnent 10. La décade est la somme des causes. – Pyramides des quarternaires : Jod, Eh, Vau Eh. –

L'Ancien des jours, la Mère, le Roi, la Reine. – Le Père et le Fils, l'Esprit, l'Église.

La Trinité, l'incarnation, la Rédemption, le Royaume de Dieu. – L'Être, la Science, l'Expérience, la Certitude. – La Pensée, le Raisonnement, la Compréhension, l'Évidence. – La Conception, la Règle, la Beauté, l'Œuvre. – La Matière, l'industrie, l'Échange, la Richesse. – La Force, l'Antagonisme, le Mouvement, la Série. – La Loi, le Nombre, l'Analogie, les Groupes. – L'instinct, le milieu, l'évolution, les formes. – L'espace, la variété, le changement, le temps. Il est une foule d'autres quartenaires qui seront énumérés au Livre de la Science Divine [6].

Comme le lecteur peut s'en rendre compte par le peu que nous venons de voir, de tout temps, l'homme a attaché une grande importance aux Nombres et plus particulièrement à certains nombres. – La Science, des nombres dans la plus haute Antiquité a été étudiée dans l'extrême Orient ; dans l'Antiquité plus rapprochée de nous, Pythagore et ses disciples s'en firent les propagateurs. D'après le philosophe grec « l'essence divine étant accessible aux sens, employons pour la caractériser, disait-il, non le langage des sens, mais celui de l'esprit ; donnons à l'intelligence ou au Principe actif de l'Univers le nom de Monade ou d'Unité, parce qu'il est toujours le même ; à la matière ou principe passif, celui de Dyade où Multiplicité, parce qu'il est sujet à toute sorte de changements ; au monde enfin, celui de Triade, parce qu'il est le résultat de l'intelligence et de la matière. »

Du reste le sens des leçons de Pythagore sur les Nombres est que ceux-ci contiennent les éléments de toutes les sciences et Pythagore appliquait aussi la science des Nombres au Monde Invisible.

Agrippa, Planiscampi, Saint-Martin le Philosophe Inconnu, de même que tous les Hermétistes ont étudié la Science des Nombres et l'un des Hermétistes modernes, M. Guymiot, affirme que les Nombres contiennent les éléments de toutes les sciences ; mais nous ne saurions insister et ceux de nos lecteurs qui voudraient étudier cette question, trouveront tous renseignements dans notre DOCTRINE ÉSOTÉ-

RIQUE à travers les âges , Tome II, ch. XX, p 102. Chamuel, Éditeur et en vente à la librairie, CHACORNAC, 11 quai St Michel, Paris.

---

6 In Résurection .

# Chapitre VII

# Démonologie. – Féerie

Les Théologiens ont des idées singulières sur les Démons et la Démonologie. La Démologie est la science des Démons et de l'influencé que ceux-ci peuvent exercer sur l'homme, Or, pour la plupart des Théologiens, les Démons sont des Diables, des mauvais Esprits qui cherchent à duper et à tromper les hommes, à les induire en tentation.

Pour l'Occultiste, au contraire, ce terme embrasse un domaine beaucoup plus vaste ; les Démons sont les Entités de l'Astral, les Invisibles ; et cela que ceux-ci soient bons ou mauvais, le jardin des racines grecques de Port-Royal nous donne la définition Suivante :

Δαὶμον, Dieu, sorts, esprits malins.

En effet, dans son sens générique, la Démonologie comprend : les spectres, les fantômes, les revenants, les farfadets, les stryges, les lamies, les lutins, tous les êtres enfin, qui peuplent l'Astral (l'invisible) et qui peuvent être bons, mauvais ou neutres à l'égard de l'homme.

Les Pères de l'Église admettent les spectres et les fantômes qui se montrent aux hommes avec leur Corps aithérique.

« Les Docteurs de l'Église les plus célèbres, nous dit Guldenstubbé [1] tels qu'Origène [2] Tertullien, Lactance admettent également le Corps éthéré, qui offre tant d'analogie avec la doctrine de la résurrection de la chair et avec la métamorphose finale du corps des vivants, lors du retour du Christ. D'ailleurs, les nombreuses apparitions racontées par la Bible semblent supposer l'existence d'un corps éthéré, dont s'enveloppent les Anges et les Esprits pour se manifester aux hommes,

Origène [3] dit que « l'âme sera revêtue après la mort d'un corps éthéré qui ressemble au corps terrestre. Elle garde ce corps jusqu'à la résurrection finale de la chair… »

Disons cependant que, généralement, on croit que la Démonologie est la science qui s'occupe de l'obsession et de la possession aussi c'est en nous plaçant sous ces deux points de vue que nous allons traiter de la Démonologie dans le présent chapitre.

Les Obsessions et les Possessions sont connues dès la plus haute Antiquité ; au Moyen Âge, elles ont été aussi fréquentes que dans l'Antiquité ; les Pères de l'Église les affirment et les admettent.

Voici ce qu'au XVIe siècle, le grand Paracelse pensait des possessions et des obsessions par conséquent : « Une personne, dit-il, qui est saine et pure ne saurait être possédée par des Esprits élémentaires, parce que ces larves (larvœ) ne peuvent agir que sur les hommes qui leur donnent une place dans leur mental. Un esprit sain est comme une citadelle, dans laquelle on ne saurait pénétrer sans la volonté de son maître ; si on laisse pénétrer ces larves, elles excitent les passions humaines (des hommes et des femmes) et donnent naissance à de mauvaises pensées qui, en incitant le cerveau, font Commettre de mauvaises actions ; elles aiguisent ainsi les appétits animaux et étouffent bien vite toute espèce de moralité.

« Les mauvais esprits n'obsèdent que les humains, chez lesquels domine l'animalité. La guérison de l'obsession ne peut être obtenue par des cérémonies et des exorcismes, car cette guérison est un acte purement psychique et moral »[4].

On voit que Paracelse savait très bien ce que c'était que les Obsessions ; « un acte purement psychique et moral » ; rien de plus vrai ; mais où il commet une erreur c'est quand il croit qu'on ne peut exorciser les personnes possédées d'élémentals et d'élémentaires ; on le peut et on le pratique journellement par désincarnations, à l'aide de memtrams et en formant de fortes chaînes d'aimantation dans ce but.

Évidemment aujourd'hui, on procède par la magnétisation pour dégager le corps d'un possédé ou d'une obsédée, mais il ne faut pas croire que l'autorité et l'influence psychique d'un personnage pur, d'un saint homme ne puisse, par la force de sa volonté, expulser du corps d'un individu, un mauvais Esprit. L'homme droit et probe, doué d'une forte énergie, n'est nullement possédé ; les mauvaises entités ou influences n'ayant sur lui aucune prise. Du reste les cas de possessions ou d'obsessions complètes sont moins fréquentes aujourd'hui qu'autrefois, qu'au Moyen Âge par exemple, car nous avons spirituellement progressé.

Quand la possession persiste même après la mort, elle constitue alors une des formes du Vampirisme. Dom Calmet prétend « que les Vampires en suçant le sang de leurs proches les épuisent et causent leur mort »,

C'est en effet ce qui peut arriver souvent.

Disons pour résumer que les Sœurs de Louviers et les Religieuses de Loudun étaient de véritables possédées à qui les démons jouaient des tours pendables, et avec qui ils satisfaisaient leurs caprices lubriques. Ainsi Jeanne Pothière religieuse du Quesnoy, accusée de pratiques démoniaques, déclara qu'un démon pour la tromper prit la figure d'un confesseur. Chaque nuit, il venait au couvent et opérait de telle façon, qu'il avait avec elle des rapports intimes et cela arrivait très fréquemment.

La sœur Marie du Saint-Sacrement, qui fut une des premières victimes de l'épidémie de Louviers a écrit de sa main un long mémoire, où sont relatés des faits très intéressants et stupéfiants.

Disons en terminant, que les Démonologues et les jurisconsultes ont fait des distinctions subtiles entre l'obsession et la possession et ont par cette distinction cherché à concilier les influences astrales des mauvaises Entités de l'invisible avec la liberté humaine.

Ces distinctions sont fort peu de choses, quand suivant que les Entités sont plus ou moins mauvaises ou méchantes, la possession ressemble beaucoup à l'obsession et vice versa.

Des Traités nombreux et fort volumineux ont voulu donner la clé de ces obsessions et n'y sont guère parvenus ; aujourd'hui seulement depuis les modernes travaux de psychisme, on commence à voir clair dans ces phénomènes et on pourrait expliquer la cause de ces manifestations et même le moyen de les guérir.

Mais nous ne le ferons pas, car ce serait sortir du cadre que nous nous sommes imposés pour un ouvrage synthétique.

## De la Féerie

Les Fées sont des Esprits élémentaires, c'est du moins ce que nous dit la Kabbalah orientale ; leur nom serait dérivé ou de Fatum (destin) parce qu'elles pourraient influer sur la destinée dis hommes, ou du Persan Péri dont on aurait fait Féri ; Walter Scott prétend que ce nom de fée est dérivé du terme Elf , qui servait primitivement à dénommer tous ces êtres de l'invisible, de l'astral.

On retrouve les fées chez toutes les nations d'origine Celtique, c'est donc dire chez presque toutes les nations. Des traditions Druidiques nous apprennent que les Fées habitaient en grande quantité les grottes et les cavernes des Gaules, qu'elles en sortaient la nuit pour venir danser dans les clairières des forêts. – La croyance à ces invisibles de l'astral a toujours été très vive à toutes les époques, mais surtout au XIV$^e$ et au XV$^e$ siècles et même aujourd'hui, dans un grand nombre de contrées, cette croyance n'est pas abandonnée, et suivant les pays, les fées sont désignées sous des noms divers. En Écosse, on les nomme Fairfolks ou Fairtes ; chez les Saxons, elles portent des noms divers Dun-Elfen , fées ou Esprits (Elfes des Dunes) ; Berg-Elfen (Elfes des collines) ; Munt-Elfen (Elfes des montagnes) Feld-Elfen (Elfes des champs) ; Wudu-Elfen (Elfes des bois) ; Wœter-Elfen (Elfes des eaux ou de la mer), Ondines.

Les Fées (Fada ) Feas, Filandières Fadas sont des Esprits ou Génies de l'air nous l'avons dit ci-dessus, chez les peuples scandinaves, on les nomme Walkyries . – L'origine des fées remonte à une haute antiquité, elle se perd dans la nuit des temps ; mais on donne aussi le nom de fées à de véritables magiciennes ; telles par exemple, que les élèves du magicien Merlin l'enchanteur : Morgane, Vivianne, la fée de Bourgogne, etc.

Il existe aussi la fée Abonde, la Fée Esterelle, la Fée Mélusine, la Fée d'Avril, la Dame Verte, la fée du Cluzeau, etc., etc.

La Fée Esterelle devait son nom à une Divinité des Ligures Esterella, qui passait pour guérir les femmes de la stérilité. Les prêtres de cette Déesse administraient en son nom des breuvages aux femmes qui désiraient engendrer.

Il existe dans beaucoup de pays des monuments autour desquels dansaient les Fées ou aux pieds desquels, elles aimaient à se réunir ; ces monuments sont dénommés Celtiques ou Druidiques.

Dans le département d'Indre-et-Loire, les archéologues connaissent la Grotte des Fées ; dans la Creuse près de Felletin, la Cabane des fées ; en Maine-et-Loire, la Motte aux Fées ; c'est une sorte de tombelle recouverte de terre et de gazon formant un Tumulus assez élevé : enfin au Mans, il y a un monument assez célèbre dénommé la Tour aux Fées du bois de Marshain ; un autre monument très connu est dénommé la Grotte d'Essé, dont nous avons donné une reproduction dans notre Dictionnaire Raisonné d'architecture au mot CELTIQUES (Monuments) [5].

Les Démonographes rangent parmi les Fées, ou du moins les Esprits élémentaires, les Sulèves, Servans, Esprits de la montagne, Gnômes, Dames blanches, etc.

Dans les Alpes, nous avons vu, il y a bien des années déjà, de nombreuses cavernes, qui évidemment ont dû servir de demeure aux hommes des premiers âges, à des sortes de Troglodytes.

Quelques occultistes veulent que ces grottes aient été habitées par des Faidhs ou Adeptes des sciences occultes. – Près de Lausanne, en Suisse, une inscription trouvée dans une grotte a pu témoigner que très anciennement ; on référait dans les campagnes suisses des Sulèves ou Dieux sylphes, que les Germains vénéraient chez eux sous le nom de Sylvatiques.

Dans les montagnes, il existe des Serrans ou Servants qui secondent dans les châlets isolés, les montagnards dans leurs travaux. Ils gardent leur bétail, cultivent la terre et soignent les jardins ; mais les montagnards doivent, paraît-il, leur donner du lait dont ils sont très friands en échange de leurs services.

Ainsi, les bergers, quand ils prennent leur repas, ne manquent jamais de jeter une cuillerée de lait sous la table sur laquelle ils mangent, pour la nourriture du servant et quand on leur demande l'explication de cet acte de leur part, ils disent qu'en agissant ainsi, ils obéissent à une fort ancienne coutume.

Mais dans les montagnes, il y a un être mystérieux plus puissant encore que le Servait ; c'est l'Esprit ou le Génie de la Montagne qui excite les tempêtes, fait crouler les avalanches et les rochers et injurie ceux qui osent chasser le chamois.

Mentionnons aussi des sortes de fées, dénommées Dracæ (Dracs) qui avaient quelque ressemblance avec les Dragons d'où leur nom ; les Goules, monstres voraces qui aimaient à se repaître du sang humain.

Parlons enfin des Dames blanches, aussi célèbres en Écosse qu'en Allemagne, qui remplissent le rôle de fées et qui apparaissent en Allemagne dans les Palais des rois, quand un de ceux-ci est sur le point de mourir. Nos lecteurs ont sans aucun doute entendu parler de la Dame blanche de la famille des Hohenzolhern qui apparaît toujours depuis des siècles pour annoncer la mort d'un prince. Ce fait a été rapporté des milliers de fois, donc inutile de le rappeler encore ici.

Enfin, on range dans la classe des fées, les Enchanteurs, soit de l'Orient, soit de l'Occident, nous avons mentionné l'un d'eux Merdhin, plus connu sous son nom de Merlin, qui avait la faculté de se transformer en Nain, en Cerf et autres animaux.

Amoureux de la belle fée Viviane, celle-ci très jalouse l'enferme dans la forêt de Brocéliade, qui dès lors devient le théâtre de merveilles étonnantes.

Merlin écrivit des poèmes prophétiques que Geoffroy de Montmouth traduisit du gallique en français en 1135 et qui se répandirent dans toute l'Europe ; ces poèmes parlent constamment de fées et d'êtres fantastiques.

Dans le volume d'un naturaliste bien connu, M. Lesson [6] il y a de curieux détails très originaux et neufs sur divers animaux fantastiques qui existent encore dans l'imagination de nos paysans de la Saintonge et de l'Aunis, ainsi sur les Gannipotes et les Bigornes. – La Gannipote prend la figure de Gannes ou Gannelon, c'est-à-dire de tout homme obligé d'errer dans les bols, et de se travestir à l'exemple du malheureux héros que pourchassait l'implacable colère de Charlemagne ; quant à la Bigourne, ce n'est autre chose qu'un sorcier qui est forcé, par son pacte avec le diable, d'errer la nuit sous la forme d'une bête. – Malheureusement nous ne connaissons pas la forme qu'a cet animal fantastique, car l'auteur en a omis la description, ce qui est fâcheux.

Du reste, les animaux fantastiques, qui peuvent recéler dans leur corps un ou plusieurs démons, se rencontrent dans toutes les provinces de France et tout le monde connaît le monstre terrible que terrassa sainte Marthe dans la Provence et dénommé Tarasque, qui a donné son nom a une ville située sur les bords du Rhône en face de Beaucaire, nous avons nommé TARASCON.

---

[1] GULDENSTUBBÉ, p 290 et suiv. de la Réalité des Esprits.

[2] In prolog. περιαρχῶν ; TERTULLIEN lib, de Carne, cap, VI ; LACTANCE, lib. II, cap, XV ; AUGUSTIN, De Divin. et dœmon, cap. III. et V.

[3] ORIGÈNE. Frag. de resurrect, Édition de Paris, op. I., page 35.

[4] Dans la Psychologie devant la Science et les Savants, 1. vol. in-12 Paris, CHACORNAC.

[5] DICTIONNAIRE RAISONNE D'ARCHITECTURE et des sciences et arts qui s'y rapportent ou qui en dépendent 4 vol. in-8°. jesus avec 4 000 bois dans les textes, 60 pl. noires et 40 chromolithographies,

dernière Édition Librairies-Imprimeries – Réunies Paris, 7 rue Saint-Benoît.

6. LESSON (R.P.). – Lettres historiques, archéologiques et littéraires sur la Saintonge et sur l'Aunis ; La Rochelle, in-8°, 1842.

# Chapitre VIII

# Sur diverses sociétés secrètes

Un certain nombre de sociétés secrètes ont joué un grand rôle dans la conservation de la Doctrine Ésotérique [1] ; ainsi en Occident, celle-ci a été transmise à partir du Moyen Âge par les Alchimistes ou Hermétistes et les sociétés secrètes, telles que celle des Templiers, des Roses-Croix, des Francs-maçons et plus tard, l'École synthétique, qui a existé du commencement du XIX<sup>e</sup> siècle jusqu'à nous.

Le lecteur comprendra que nous ne donnions qu'un résumé des plus succincts sur ces sociétés, car pour en faire une histoire même peu développée, il y faudrait consacrer plusieurs volumes.

Bien des personnes croient que le temps des sociétés secrètes est passé, c'est là une grande erreur !

Ces personnes se figurent que la proclamation du Suffrage Universel, le droit d'association et de réunion ont porté les derniers coups aux Associations Secrètes, car elles n'ont plus de raison d'être. – Évidemment, on n'a plus besoin de se cacher comme les pauvres Alchimistes pour étudier la chimie et les sciences ; mais que de choses, encore se trament dans l'ombre, dans la coulisse pour employer une expression bien moderne.

Du reste, même anciennement, bien des Sociétés néfastes opéraient au grand jour et sans avoir besoin de se cacher ; par exemple, l'inquisition, la Société de Jésus.

Les Dominicains, juges et familiers du Sainte Office, s'étaient constitués publiquement, agissaient et frappaient au grand jour.

La procédure seule contre les victimes était tenue secrète et la justice la plus sommaire n'était pas rare alors ; tant s'en tout !

Nous allons donner ici un court aperçu des principales Sociétés secrètes ; nous irons très rapidement pour ne dire que juste ce qu'il faut.

HISTORIQUE.– Il est probable que dès que trois individus ont eu à se plaindre du joug d'un quatrième, ces trois individus se sont réunis secrètement pour secouer ce joug.

Telle est l'origine de la première société secrète.

On voit par là, que cette origine se perd dans la nuit des temps et qu'il est fort difficile, pour ne pas dire impossible, de faire une Histoire des sociétés secrètes, de l'origine du monde jusqu'à nos jours.

Du reste la science historique n'a retrouvé les traces des Sociétés secrètes que depuis fort peu de temps. – On a commencé à lire sur les tables de pierre de monuments religieux, des mystères que les prêtres cachaient sous le voile d'un. Symbolisme des plus mystérieux. Du reste ces mystères étaient écrits dans une langue ignorée du vulgaire et les explications qui auraient pu être tirées de la lecture de ces monuments épigraphiques n'auraient encore rien appris au vulgaire s'il avait pu arriver toutefois à les déchiffrer, car elles ne donnaient des formules que dans un sens ésotérique, absolument incompréhensibles pour les non-initiés [2].

Nous ne parlerons pas des sociétés secrètes de l'Antiquité, pour nous occuper immédiatement de celles qui apparaissant au Moyen Âge, en commençant par l'une des plus importantes, par celle des TEMPLIERS.

## Les templiers

Après la conquête de Jérusalem, les chrétiens du monde entier désirèrent voir le tombeau du Christ, ainsi que les saints lieux qui avaient été le berceau de leur foi et les témoins des hauts faits accomplis par Jésus [3].

Dans les premiers temps qui suivirent la conquête de Godefroy de Bouillon, ces pèlerinages fuirent relativement faciles ; quand les Sarrazins eurent reconquis peu à peu leurs possessions, quand les chrétiens ne possédèrent plus que Jérusalem même, les excursions au Sépulcre du Sauveur devinrent fort dangereuses, aussi les pèlerins furent-ils obligés de se constituer en caravanes nombreuses pour résister les armes à la main aux nombreux musulmans qui les poursuivaient sur terre et sur mer.

Malgré cela, la plupart du temps, les pèlerins qui arrivaient en Palestine étaient assassinés ou bien emmenés en esclavage.

Ce fut en vain que des hommes généreux en appelèrent aux nations occidentales, celles-ci épuisées d'hommes et d'argent n'entendirent pas leurs justes clameurs ; aussi devant cette insouciance deux nobles natures, Hugues de Payens [4] et Godefroy de Saint-Omer se décidèrent-ils à organiser les secours que réclamaient, mais en vain de l'Europe la Chrétienté, et secondés par sept chevaliers, ils fondèrent une Confrérie.

Les sept chevaliers et leur chef, aux trois vœux ordinaires, de pauvreté, de chasteté et d'obéissance, joignirent celui de porter les armes contre les infidèles et de pourvoir à la sécurité des routes et chemins, enfin de mettre les pèlerins se rendant en terre sainte à l'abri des coups de mains et des insultes des brigands.

Nos chevaliers prononcèrent leurs vœux en présence de Gormond, Patriarche de Jérusalem.

La Confrérie une fois constituée, Baudoin II, roi de Jérusalem, afin de favoriser l'institution naissante, lui accorda une résidence dans le quartier occidental de son Palais, bâti dans le voisinage des ruines de l'ancien Temple de Salomon, et c'est à cause de leur résidence que les compagnons de Hugues furent dénommés d'abord, Frères de la milice du Temple , puis Chevaliers du Temple ou Templiers .

En 1127 Hugues se rendit en Occident pour obtenir du Pape Honorius II, la confirmation de son Ordre qui le fut en effet, l'année suivante par le Concile de Troyes (et non de Tours comme on l'a écrit à tort) qui s'ouvrit le 13 janvier 1128. Le concile approuva les vues de Hugues et donna aux Templiers un costume spécial s'ils devaient porter un habit blanc avec une croix rouge au-dessus.

Dès lors, la puissance morale des Templiers vint corroborer leur puissance effective.

Le concile chargea saint Bernard de rédiger les statuts et les règles du Nouvel Ordre, mais celui-ci n'estimant que fort peu un ordre à la fois religieux et militaire s'y refusa absolument.

Ce fut donc un nommé Jean de Saint-Michel, un inconnu, qui décalqua les dits statuts sur la Règle de Saint-Benoît et des moines de Clairvaux.

D'après ces statuts, les Templiers étaient astreints à toutes les pratiques religieuses du cloître ; mais, en même temps, ils devaient se trouver toujours prêts à Combattre pour la défense de la Croix.

Les ordres ; purement religieux ont eu de tous temps beaucoup de peine à se maintenir rigidement dans les règles de l'Ordre ; ici deux genres de vie tout à fait distincts devaient finir par absorber l'un d'eux ; c'est ce qui arriva effectivement. Tout d'abord le vœu de pauvreté fut le premier violé, puis celui de chasteté.

En effet, non seulement les chevaliers du Temple acquirent par leur valeur d'immenses richesses, mais les princes, les rois et toute la Chrétienté leur firent de riches présents. Aussi le soldat étouffa-t-il bientôt le moine et une foule de jeunes gens de la noblesse s'enrégimenta avec bonheur dans le nouvel ordre et c'est avec raison que Henri Martin [5] dit : « Les grandeurs et les richesses qu'ils devaient à leurs vertus leur firent perdre ces mêmes vertus ; les revers de la Chrétienté en Orient ébranlèrent leur foi ; le contact des voluptés Syriennes corrompit leurs mœurs ; l'orgueil, l'avidité, la turbulence, l'égoïsme remplacèrent le dévouement austère et désintéressé des premiers temps, ou du moins le dévouement n'exista plus que pour l'ordre et non pour la Chrétienté. L'intrépide valeur des chevaliers, qui, seule, de toutes les vertus ne se démentit jamais, fut moins employée désormais à défendre la Chrétienté qu'à servir les ambitions de l'Ordre, qui sembla se considérer comme son but à lui-même. »

Et cependant, malgré la violation de leurs vœux au milieu d'une luxueuse existence asiatique que ces moines-militaires menaient dans leurs couvents : splendides palais ou harems voluptueux, les chevaliers du

Temple étaient fort en faveur à Rome. Rien d'étonnant à ce fait, puisqu'ils s'étaient constitués les défenseurs de la Papauté, qui le leur rendait bien. Ainsi les Templiers obtinrent-ils en 1172 du Pape Alexandre III, un bref qui les exemptait de toute juridiction ecclésiastique et les retirait même de l'Obédience du Patriarche de Jérusalem, pour les placer sous la sienne. Aussi, dès cette époque, l'Ordre abandonna de plus en plus l'Orient pour s'établir en Occident, où sa puissance et sa richesse devinrent telles, que bientôt l'Ordre du Temple éclipsa tous les autres ordres et c'est avec raison qu'on peut leur appliquer le mot de Rabelais : « Ces pauvres moines, qui ne devaient avoir en ce monde que la vie, devinrent en peu de temps plus riches et plus puissants que les princes. »

Voici comment était organisé, hiérarchisé l'Ordre. Il y avait un Grand-Maître qui avait rang de prince chez les rois, c'était le chef suprême ; un Sénéchal qui, au besoin, remplaçait le Grand-Maître ; le Maréchal qui commandait la milice des chevaliers ; le Drapier, qui s'occupait des vêtements et des costumes ; te Maître-Trésorier ; le Turcapalier, commandant de la cavalerie légère, composée des écuyers ; puis les Grands Prieurs, qui gouvernaient les provinces ; enfin les Baillisprieurs bu Commandeurs qui étaient à la tête de différentes maisons de l'Ordre.

Un Chapitre général de l'Ordre, composé de tous les chefs du Temple, possédait l'autorité suprême. Dans les provinces, il y avait à la tête de chaque grande maison, un chapitre particulier qui s'occupait spécialement des affaires de la subdivision.

Quand il fallait procéder à l'installation d'un nouveau chevalier, le chapitre s'assemblait et la cérémonie avait lieu ordinairement pendant la nuit dans une église ; voici comment se passait la chose.

Le récipiendaire attendait en dehors de l'Église. Le président du Chapitre dépêchait auprès de lui, et cela par trois fois, deux frères qui lui demandaient ce qu'il désirait ; et, suivant sa réponse, il était introduit. Une fois admis à l'intérieur de l'église, il devait se mettre à genoux et solliciter trois fois, le pain, l'eau et son admission dans l'Ordre.

Alors le Président du Chapitre lui faisait connaître les obligations qu'il aurait à contracter ; il lui parlait en ces termes : « Vous allez prendre des engagements. Vous serez exposé à des peines et à un grand nombre de dangers. De plus, il vous faudra veiller, quand vous voudriez dormir ; supporter la fatigue, quand vous voudriez vous reposer ; souffrir la faim et la soif, quand vous voudriez manger et boire, enfin passer dans un pays, quand vous voudriez rester dans un autre. Voulez-vous vous soumettre à ces prescriptions ? »

Quand le néophyte avait répondu, le Président du Chapitre lui posait les questions suivantes : « Êtes-vous Chevalier ? – Êtes-vous sain de corps et d'esprit ? – N'êtes-vous point fiancé ou marié ? – N'appartenez-vous pas déjà à un autre Ordre ? – N'avez-vous pas de dettes que vous ne puissiez acquitter par vous ou votre crédit ? »

Quand le néophyte avait répondu d'une façon satisfaisante, il prononçait alors les trois vœux de pauvreté, de chasteté et d'obéissance, promettant de se consacrer à la défense de la Terre Sainte, puis il prêtait le serment que nous allons donner et il recevait après le manteau de l'Ordre et les frères lui donnaient le baiser de la fraternité.

Voici la formule du serment que le postulant prêtait :

« Je jure de consacrer mes paroles, ma force, ma vie à défendre la croyance de l'unité de Dieu et des mystères de la Foi ; je promets d'être soumis et obéissant au Grand-Maître de l'Ordre… Toutes les fois que cela sera nécessaire, je passerai les mers pour aller combattre, je donnerai secours contre les rois et les princes infidèles et en présence de trois ennemis je ne fuierai point, mais seul je les combattrai, si ce sont des mécréants ».

L'étendard sous lequel se rangeaient les Templiers se nommait le Beaucéani, il était mi-partie de noir et de blanc, et portait cette légende :

Non nabis, Domine, non nobis, sed nomini tuo da gloriam , ce qui veut dire : non à nous, Seigneur, non à nous, mais à ton nom, donne la gloire.

L'origine du sceau des Templiers était curieuse, la voici : au début de leur établissement, les chevaliers étaient fort pauvres, aussi n'avaient-ils qu'un cheval pour deux hommes ; et afin de perpétuer ce souvenir le sceau de l'ordre porte gravé en creux un cheval monté par deux cavaliers, avec cette inscription latine :

Sigillum militum Christi (marque des soldats du Christ).

Comme tous les ordres nouvellement institués, les Templiers montrèrent tout d'abord une grande ferveur qui permit de dire à saint Bernard avec toute justice : « Les Templiers vivent sans avoir rien en propre ; pas même leur volonté. Vêtus très simplement et couverts de poussière, ils ont le visage brûlé par les ardeurs du soleil et le regard fier et sévère. À l'approche du combat, ils s'arment au-dedans de foi, au dehors de fer ; quant à leur parure, ce sont leurs armes dont ils se servent dans les périls avec le plus grand courage, et cela sans craindre ni le nombre, ni la force des barbares. Uma spes in Deo, leur unique espoir est en Dieu, dans le Dieu des armées et en combattant pour sa cause, ils cherchent une victoire certaine ou une mort sainte et glorieuse. Oh ! l'heureuse vie, dans laquelle on peut attendre la mort sans la craindre, mais en la désirant plutôt avec joie ! »

L'Ordre du Temple ne resta pas longtemps confiné en Palestine ; voici en effet quelle fut sa propagation : dès 1129, il avait des établissements dans les Pays-Bas. En 1131, Alphonse, roi d'Aragon et de Navarre, l'institua conjointement avec l'Ordre de Saint-Jean de Jérusalem dans ses états par testament authentique ; mais bien que confirmé en 1133, il ne fut jamais exécuté. On promit bien aux chevaliers des deux ordres de se conformer aux intentions du testateur, quand les circonstances le permettraient ; mais la raison d'État et les circonstances ne le permirent jamais.

D'après Dom Vaissette, le plus ancien établissement en Languedoc des Templiers remonterait à l'année 1136, pendant laquelle Roger III, Comte de Foix, donna aux Templiers une maison au lieu dit « La Nougarède ». En 1139, les Templiers se réunirent à l'armée de France et montés sur soixante-dix vaisseaux, ils vinrent mettre le siège devant Lisbonne : mais battus, ils durent se retirer.

En 1146, les chevaliers du Temple prirent part en Espagne à la guerre contre les Maures ; l'expédition dura dix ans et ils contribuèrent à la délivrance de la Péninsule Ibérique. – En 1191, ils avaient acquis de Richard Cœur-de-Lion l'île de Chypre, mais en 1195, après une victoire sur les Grecs, ils la fendirent au prince qui la leur avait cédée. Pendant le XIe et le XIIe siècle, les Templiers et les chevaliers de l'Ordre de Saint-Jean de Jérusalem en vinrent plusieurs fois aux mains et, dès la fin du XIIe siècle la lutte était des plus violentes. Après le départ de saint Louis de la Terre-Sainte, ils furent dans un état de guerre constant, surtout depuis qu'ils avaient pris part dans les démêlés qui divisaient alors les Génois et les Pisans, et en 1259, les deux Ordres se livrèrent une bataille si acharnée qu'il ne resta, dit-on, qu'un seul Templier de vivant ; aussi quand la nouvelle de ce désastre arriva en France, les chefs de l'Ordre assemblèrent un Chapitre général pour aviser aux moyens à employer dans la circonstance ; on n'en trouva pas d'autre que d'embarquer tous les chevaliers vivants en Europe, pour la Terre-Sainte. Du reste, dans ce pays, les affaires des chrétiens étaient dans le plus pitoyable état, et ce ne furent pas les nouveaux arrivants qui apportèrent une amélioration à la Chrétienté.

Nous n'insisterons pas davantage sur les années qui amenèrent la fin de l'Ordre qui périt surtout par la main de ceux à qui il avait rendu des services.

Ainsi, dès son avènement au trône, Philippe-le-Bel résolut-il de se débarrasser de ces vassaux qui lui portaient ombrage et qui mettaient obstacle à ses projets d'unification du royaume.

Pour atteindre son but, il chercha tout d'abord l'appui de la Papauté, bien qu'il l'eût fortement humiliée précédemment. Il fit donc jurer au pape Clément V de l'aider à anéantir l'Ordre des Templiers ; il voulait surtout le détruire pour s'emparer de leurs richesses, dont son trésor avait le plus pressant besoin.

Depuis longtemps déjà, il cherchait un prétexte qui lui permît d'agir avec vigueur contre l'Ordre. Deux prisonniers connaissant bien les dispositions du roi ne trouvèrent rien de mieux pour obtenir leur grâce que de faire des révélations aussi terribles que saugrenues sur les Templiers. Ceci se passait en 1307 ; sans s'inquiéter le moins du monde du caractère de ces révélations et de ce qu'elles pouvaient avoir de plus ou moins fondé ; Philippe manda à Paris Jacques de Molay, le Grand-Maître de l'Ordre et fit arrêter en même temps dans toute la France tous les Templiers ; il s'empara de leurs biens ; ceci était pour le roi le point essentiel ; une fois son trésor maigre bien engraissé, il fit commencer une enquête le 13 octobre 1307 qui ne dura pas moins de sept ans. Dans ce long procès, on accusa naturellement les Templiers de tous les crimes possibles et même impossibles ; on alla même jusqu'à faire tourner contre eux leurs cérémonies les plus mystiques.

Ainsi, l'Initiation , telle que l'interprétaient les enquêteurs, était abominablement défigurée. On disait qu'après avoir reçu les Draps de l'Ordre (le manteau blanc) le nouveau Templier était, au dire de l'enquête, conduit en un lieu secret, où on lui prescrivait de cracher sur la croix et de la fouler aux pieds.

Et les accusateurs se gardaient bien d'ajouter que cette pseudo-abjuration était le symbole de l'état d'impureté dans lequel avait vécu l'initié avant son initiation, état qui cessait immédiatement par l'effet même des vœux qu'il venait de prononcer ; ils se gardaient bien d'ajouter aussi que l'abjuration en question était suivie d'une adoration immédiate par laquelle le nouveau chevalier offrait au Christ son bras et sa vie pour détruire les infidèles. Or, les enquêteurs de bonne foi disaient que le nouveau chevalier était forcé d'adorer le Diable figuré par une tête humaine à longue barbe blanche, ayant en place des yeux deux escarboucles luisantes comme ta clarté du ciel

Voici ce qui avait donné lieu à cette infamie.

Les initiés devaient, en effet, prendre à témoin de leur serment une tête de momie qui n'était autre que celle du fondateur de l'Ordre qui avait été embaumée et conservée précieusement.

Enfin, dans ce singulier procès, le vœu de chasteté et le serment de n'avoir aucun commerce avec la femme furent interprétés dans un sens infâme. Toutes ces absurdes accusations étaient si fortement ancrées dans l'esprit populaire, qu'aujourd'hui même, elles ne sont pas encore déracinées.

Des innombrables victimes de la rapacité de Philippe IV et de la lâcheté de Clément V, qui abolit définitivement l'Ordre par sa bulle du 22 mars 1312, nous ne retiendrons qu'un nom, celui du Grand-maître d'alors, de Jacques de Molay.

Les mémoires de l'époque nous montrent la majestueuse figure du Grand-Maître repoussant les accusations infâmes des Commissaires du roi et affirmant fièrement sa foi. Dans tous les interrogatoires qu'il eut à subir, le brave guerrier ne cessa de donner les démentis les plus formels aux prétendus aveux qu'il était censé avoir faits.

Il disait : « Je suis prêt à répondre aux dispositions et témoignages des rois, princes et prélats, ducs, comtes, barons et tous autres gens de bien. »

Puis il portait la main à son ceinturon, mais il était hélas privé de son épée.

Tout fut inutile, Jacques de Molay devait périr, comme avaient péri les autres chevaliers de son Ordre, c'est-à-dire sur le bûcher, après avoir toute fois subi toutes les tortures.

En effet le 18 mars 1314, une commission réunie devant le parvis de Notre-Dame prononça définitivement la sentence de cet interminable procès et condamna les quatre hauts dignitaires, y compris le Grand-Maître, à une détention perpétuelle.

Deux des condamnés se soumirent bien à l'arrêt, mais Jacques de Molay et Guy d'Auvergne protestèrent énergiquement contre la sentence et voulurent en appeler au Pape, leur seul juge naturel.

Philippe IV irrité de l'opiniâtre résistance de Jacques se mit au-dessus de toute espèce de légalité et ordonna qu'on conduisît les deux condamnés récalcitrants sur un bûcher qui avait été dressé à la pointe occidentale de l'île de Notre-Dame. Arrivés sur le lieu de leur supplice, les deux martyrs ne cessèrent de protester de leur innocence et endurèrent le supplice avec un stoïcisme rare.

Un témoin oculaire, Godefroy de Paris, nous le raconte d'une façon aussi poétique que naïve :

> Le mestre qui vit le feu prest,
> S'est dépouillé sans nul arrest,
> Et ainsi comme le vi, devise :
> Tout nu se mist en chemise
> Liement et à bon semblant,
> Combien qu'on le tire et derache.
> Pris l'ont porlier à l'estache.
> Cil liez et joiant, si accorde,
> Les mains le lient d'une corde ;
> M'es ains leurs dist : « Seignors, au moins
> Laissez-moi joindre un po mes mains.
> Et vers Dieu fère mon oraison,
> Car or en est temps et saison ;
> Je vois ici mon jugement.
> Ou mourir me convient brément,
> Dieu set qu'à tort et a péchié
> S'en viendra un brief temps meschié
> Sur cels qui nous dampnent à tort
> Dieu en vengera notre mort.
> Seingnors, ici sachiez sans tère
> Que tous cels qui nous sont contrère,
> Por nouz en auront à souffrir.
> En cette foy viel-je mourir
> Vez-ci ma foy ; et je Vous prie
> Que devers la Vierge Marie
> Dont notre Seingnor fut nez,
> Mon visage vous me tomes »
> Sa requeste l'on li a fet.
> En ceste guise fit desfet,

> Et si doucement la mort prist
> Que chacun merveilles fist.

On voit par le récit de ce témoin oculaire, que Jacques de Molay assigna devant le Tribunal de Dieu ces misérables juges exécuteurs qui moururent dans l'année même de sa mort, et même Clément V quarante jours après le supplice de Jacques, dont la menace avait été prophétique.

Avec celui-ci l'Ordre des Templiers fut définitivement détruit en France, et c'est bien en vain qu'on voulut le restaurer à maintes reprises, comme nous allons voir. Du reste, même dans les pays où les Templiers furent moins inhumainement traités, ils disparurent peu à peu.

Bussy-Rabutin nous apprend que sous le grand Roi, quelques courtisans voulaient égayer la Cour fort assombrie de Louis XIV, en restaurant l'Ordre des Templiers pour avoir un prétexte à des agapes fabuleuses. Ces courtisans avaient même débauché le Duc du Maine et l'avaient nommé Grand-Maître. Le roi apprit par la veuve Scarron ce qui se passait dans cette société qui avait ressuscité les vices les plus ignobles et sans considération pour la dignité d'un bâtard légitimé, le roi fit vertement fouetter le Duc et exiler de sa présence ses compagnons de débauche.

La Régence rouvrit cependant aux Templiers les portes de Versailles et Philippe d'Orléans consentit à se prêter à la plaisanterie de ses compagnons de plaisir ; aussi accepta-t-il comme authentique une sorte de Charte de transmission, d'après laquelle un personnage dénommé Larmenius, de Jérusalem, aurait reçu de Jacques de Molay et cela quelques jours seulement avant sa mort, le titre de Grand-Maître du Temple, avec la mission de continuer secrètement la propagation de l'Ordre. Cette charte fut même revêtue du sceau de Philippe, envoyée au Roi d'Espagne pour demander l'affiliation à l'Ordre du Christ qui continuait sous une autre forme, la chevalerie du Temple ; mais le roi d'Espagne ayant reconnu que cette Charte de transmission était fausse et avait été fabriquée par un chanoine des Prémontrés ne donna pas son adhésion à la demande d'affiliation.

Sous la Régence et sous Louis XV, grâce aux scandales des princes, l'Ordre des Templiers vécut paisiblement et il paraît que sous Louis XVI, au moment de la Révolution en 1789, le Grand-Maître de l'Ordre était le duc de Cossé-Brissac ; mais à partir de ce moment, les archives des Templiers sont dispersées. Ledru, plus connu sous son nom de prestidigitateur, tenta, mais inutilement, de reconstituer l'Ordre ; avec le concours de quelques amis, il rédigea même des statuts et composa des archives où figurait la charte de Larmenius ; il fit même quelques prosélytes et au grand étonnement des populations, l'on vit reparaître le manteau blanc avec la croix écarlate dans tes rues de Troyes en Champagne ; mais cette fois, ce fut bien l'enterrement définitif du Temple, les nouveaux chevaliers disparurent au milieu des éclats de rire de la foule ; et le ridicule tua cette fois plus sûrement, les Templiers que le bûcher même.

Nous terminerons ici ces quelques notes en donnant par ordre chronologique la nomenclature des Grands-Maîtres de l'Ordre qui, sauf trois ou quatre étrangers, furent tous Français.

1. HUGUES DE PAINS fondateur de l'Ordre, mort en 1136. – 2. ROBERT LE BOURGUIGNON, 1147. – 3. EVRARD DES BARRES, 1149. – 4. BERNARD DE TRAMELAI, 1153. – 5. BERTRAND DE BLANQUEFORT, 1168. – 6. PHILIPPE DE NAPLOUSE, 1171. – 7. ODON DE SAINT-AMAND, 1179. – 8. ARNAUD DE TOROGE, 1184. – 9. TIERY, THIERIE OU THÉRENCE, 1188. – 10. GÉRARD DE BEDFOR ou de Bedfort, 1191. – 11. ROBERT DE SABLÉ, 1196. – 12. GIBERT HORAL, 1201. – 13. PHILIPPE DU PLESSIEZ, 1217. – 14. GUILLAUME DE CHARTES, 1219. – 15. PIERRE DE MONTAIGU, 1223. – 16. ARMAND DE PERIGORD, 1247. – 17. GUILLAUME DE SONNAC, 1250. – 18. RENAULD DE VICHIERS, 1256. – 19. THOMAS BERAUT, 1273. – 20. GUILLAUME ou GUICHARD DE BEAUJEU, 1209. – 21. GAUDINI, moine, 1298. – 22. JACQUES DE MOLAY, 1314.

Nous clôturons ici la liste des Grands-Maîtres de l'Ordre des Templiers, car tous les essais de restauration suivants n'ont été que des avortements, comme nous l'avons vu.

Et c'est bien Philippe-le-Bel qui ruina l'Ordre, tous les écrivains sont d'accord sur ce point, mais celui qui a le mieux exposé l'épisode final, c'est peut-être notre Historien national Michelet. Ne l'aurait-il même pas un peu poétisé ? « Il caressa les Templiers, dit-il, les combla, les endormit. Ils vinrent se faire prendre au filet comme les protestants à la Saint-Barthélémy. Il venait d'augmenter leurs privilèges. Il avait prié le Grand-Maître d'être parrain d'un de ses enfants. Le 12 octobre 1307, Jacques de Molay désigné par lui avec d'autres grands personnages, avait tenu le poêle à l'enterrement de la belle-sœur de Philippe. Le 13, il fût arrêté avec les cent quarante Templiers qui étaient à Paris ; le même jour soixante le furent à Beaucaire, puis une foule d'autres dans toute la France ; on s'assura de l'assentiment du peuple et de l'Université. »

Par cette courte citation, on voit que ce fût un réel guet-apens que le roi employa pour exterminer les Templiers. En France ce furent les Conciles provinciaux qui les condamnèrent ; le 13 mai 1310 cinquante-quatre chevaliers furent brûlés à la Porte Saint-Antoine, d'autres à Senlis, et dans d'autres villes. Ils furent également condamnés en Lombardie, en Toscane, en Angleterre, en Castille, en Aragon, etc.

Pour d'autres renseignements, nous renverrons le lecteur aux ouvrages suivants ;

DUPUIS (P.) – HISTOIRE DE L'ORDRE DES TEMPLIERS, in-40 Bruxelles 1781.

HISTOIRE DE LA COMDAMNATION DES TEMPLIERS, 2 vol. in-12, Bruxelles, 1713.

PROCÈS DES TEMPLIERS, in Documents inédits, publiés par le ministère de l'instruction publique.

J. MICHELET.–Histoire de France , TOME III.

HENRI MARTIN.– Histoire de France.

CLAVEL.–Annuaires Hermétiques .

1 Voir à ce sujet LA DOCTRINE ÉSOTÉRIQUE à travers les âges , 2 vol. in-12 Paris, Chacornac.

2 Toutes les Sociétés secrètes telle que la Société Pythagoricienne Eleusiania , les Fraternités hermétiques de l'Égypte, la Rose-Croix et tes Francs-maçons se sont servis à la fois, d'emblèmes et de symboles.
Beaucoup de ces emblèmes ne peuvent et ne doivent pas être mis sous les yeux du vulgaire, car une différence très légère peut modifier considérablement la signification d'un emblème ou d'un symbole ; tels sont par exemple, les sceaux magiques.

3 Voir au sujet des Miracles de Jésus : La Vie Ésotérique de Jésus de Nazareth , ch. XIII, p 245, 1 vol. In-8° cavalier de 450 pages Paris, Chacornac, 11 quai St-Michel.

4 On le dénomme également Hugues de Pains (de Pogones) du nom de la terre de Pains, qu'il possédait en Champagne entre Méry-sur-Seine et Troyes ; cet Hugues était chevalier de la Maison des Comtes de Champagne.

5 Histoire de France T.V.

# Les Rose-Croix

La Société des Rose-Croix a été fondée par un Allemand du nom de Christian Rosenkreuz, au commencement du XV$^e$ siècle. Le fondateur de cette société naquit en 1378 et arrivé à l'âge de 22 ou 24 ans, il entreprit des grands voyages, d'abord en Orient ; il visita la Palestine, se rendit à Damas et dans une ville mystérieuse dénommée Damcar ; c'est dans cette cité florissante, qu'il se lia avec des philosophes qui l'initièrent à l'Occultisme, à la Magie et à ses secrets.

Rosenkreuz visita le Maroc, il séjourna à Fez, c'est dans cette ville qu'il apprit la Kabbale de la bouche même de savants juifs, de Rabbi. – Peu après son séjour dans le Maroc, il entra dans sa patrie et dans son pays natal, il réunit un petit nombre de disciples autour de lui, leur enseigna la Kabbale, ce fut là le noyau de la société qui prit bientôt le nom de Rose-Croix : Fraternitas Rosœ-Crucis , celle-ci resta une société secrète pendant plus d'un siècle ; elle ne commença à opérer au grand jour, qu'au commencement du XVII$^e$ siècle c'est-à-dire vers 1613 où Valentin Andréa, savant théologien du Wurtemberg publia une opuscule intitulé : Fama fraternitatis Rosœ-Crucis (Manifeste de la fraternité des Roses-Croix). Ce manifeste fit quelque bruit à son apparition ; aussi l'opinion publique commença dès lors à s'occuper de la société Rosi-Crucienne, surtout en Allemagne, Robert Fludd l'alchimiste et médecin célèbre propagea la doctrine des Rose-Croix dans les îles de la Grande-Bretagne ; il enseigna l'Hermétisme, ou plutôt l'Herméneutique ; il disait par exemple à ses disciples que l'Univers comprenait quatre mondes, savoir : le monde archétypique ou archétype, le monde divin ou angélique, le monde astral ou de l'invisible et le monde sublunaire ou physique. Robert Fludd enseignait aussi que l'homme n'était que le résumé, la synthèse du monde, du Macrocosme ; aussi le désignait-il sous le nom de Microcosme ou Petit monde par opposition au Grand monde, à l'Univers.

La doctrine des Rose-Croix a été introduite dans la Franc-Maçonnerie pendant le XVIII$^e$ siècle et a eu son rite particulier.

Parmi les propagateurs de la Rose-Croix, nous devons mentionner parmi les Allemands Consénius qui vivait dans le courant du XVIIe siècle, qui s'occupait beaucoup d'éducation et d'instruction et que quelques-uns considèrent, comme un des précurseurs de notre pédagogie moderne. Vers la fin du XVIIIe siècle, il existait en Allemagne une société Rosi-Crucienne qui a exercé une grande influence sur la société de Berlin, à l'époque de Frédéric-Guillaume II, grâce à la notoriété de son fondateur Schrepfer et du principal Grand-Maître de l'Ordre, de Vallner, ministre des cultes. En Allemagne, la société des Rose-Croix avait dans la maçonnerie même, un caractère très mystique. Un des dignitaires le Baron de Hundt, gentilhomme de Lusace ne craignait pas de se dire l'Envoyé de Supérieurs Inconnus. Les maçons R † C de la stricte observance affirmaient être les successeurs des Templiers, parce qu'ils avaient eu successivement pour Grands-Maîtres, le Duc de Brunswick et le Prince Louis de Hesse. Les mêmes maçons de ce Rite affirmaient également qu'ils étaient les successeurs des Initiés, qui pendant les Croisades avaient été instruits des mystères du Christianisme Ésotérique.

En France, la Société des Rose-Croix a toujours eu ses représentants et l'un des grands propagateurs de la doctrine a été Martinez Pascally ou Pascalis, originaire de Bordeaux ou de Grenoble et qui eut pour disciples deux Théosophes Claude de Saint-Martin et Willermoz ; c'est Martinez qui fonda des loges en diverses villes, notamment à Lyon, à Bordeaux, à Montpellier, à Grenoble ; le Bénédictin Dom Pernetty fût aussi Rose-Croix, du reste, que n'était-il pas, il était aumônier du grand navigateur Bougainville l'importateur de ce charmant arbuste grimpant qui porte son-nom (Bouganiviléa). – Pernetty était Bénédictin à Saint-Germain des Près, Bibliothécaire du Roi de Prusse et fondateur à Avignon d'une Loge d'illuminés ; cette dernière création date de l'an 1784.

Aujourd'hui, la société de la Rose-Croix compte en France un assez grand nombre de membres, l'un des derniers Grands-Maîtres a été Stanislas de Guaita l'occultiste bien connu par ses ouvrages érudits et instructifs, Le Temple de Satan, la Clé de la magie noire, le serpent de la Genèse , etc. Il a eu pour successeur F. Ch. Barlet, l'auteur d'ouvrages. d'occultisme, remarquables.

À la société des Rose-Croix se relie, pensons-nous, la société martiniste, dont le docteur Papus est le président du grand Conseil et qui possède les Archives du Martinisme , parmi lesquelles se trouvent des lettres de Martines Pascally, de Willermoz et de Claude de Saint-Martin dit le Ph. Inc . Nous avons pu les consulter au sujet d'un manuscrit inédit de St-Martin et c'est par l'intermédiaire de Sédir que nous avons pu confronter notre manuscrit avec les lettres de Willermoz et de Cl, de Saint-Martin et de décider en toute connaissance de cause que le manuscrit en question est bien du PH… INC…

# Chapitre IX

# Les Carbonari

La Carbonaria est une secte politique et religieuse qui aurait été formée d'abord en Italie ; les membres se nommaient Carbonari qui signifie en italien Charbonniers.

Ce terme aurait été appliqué à son origine aux conspirateurs Guelfes, qui se réunissaient dans les bois, dans les forêts, afin de conspirer et pouvoir en même temps échapper à la surveillance des Gibelins en se cachant dans les cabanes des charbonniers de la forêt.

Plus tard, la secte poursuivit un double but : l'indépendance de l'Italie et la réforme de l'Église Catholique.

D'après une autre tradition, la Carbonaria serait originaire de la France, et au XV$^e$ siècle, elle aurait eu pour père saint Thibaud et pour parrain François I$^{er}$. C'est même de ce roi galant que les Carbonari, dénommés en France Bons Cousins, auraient tenu leurs lettres d'investiture ; or, un historien italien, Botta, prétend que les premières Ventes (c'est ainsi qu'on dénommait leur réunion) et leur organisation dans le royaume de Naples ne remonteraient qu'à l'époque des luttes des Napolitains contre la France, c'est-à-dire à la fin du siècle dernier ou plutôt au milieu du siècle, où on les nommait en France les Fendeurs. Mais à cette époque nous pensons que la Fenderie ou Charbonnerie n'avait en France aucun but politique ou religieux, elle exerçait seulement l'hospitalité et la charité.

Ceci paraît confirmé par un auteur compétent, Clavel, l'historien de la Franc-maçonnerie, qui affirme que « certaines loges du Jura, des Alpes et des Vosges disséminées sur de vastes étendues de montagnes boisées, avaient au moment de la Révolution adopté une organisation particulière, et se seraient efforcées de resserrer les liens de leur mutualité, et auraient dans ce but formé des Ventes, avec affiliation spéciale. »

À l'appui de son opinion, Clavel cite celle de Briat, du Jura, qui tombé dans les mains du fameux bandit Schinderhannes parvint à s'échapper grâce au concours que lui prêtèrent les Charbonniers de la Forêt Noire qui étaient, comme lui, Bons Cousins.

Notre opinion est que la Charbonnerie naquit en France, et cela très anciennement, dans les forêts du Roussillon et du Bourbonnais. Ses premiers membres furent (on le suppose du moins) de pauvres bûcherons, auxquels se joignirent des clercs et des gentilhommes chassés de leurs foyers par les guerres désastreuses que la France eût à soutenir sous Charles VI et Charles VII ; la Carbonnaria en France ne comportait qu'un grade, tandis qu'en Italie, elle en eût trois.

Ce fut l'armée de François I$^{er}$ qui importa cette société secrète en Italie, elle existe donc dès le XVI$^e$ siècle.

L'historique du grade en fait remonter l'origine à l'époque de Salomon ?

C'est peut-être pousser bien loin en arrière cette origine.

Quoi qu'il en soit, chez le Fendeur français, on trouve une philosophie douce et tendre, mêlée parfois d'une gaîté gauloise, tandis que le Carbonaro italien comporte un esprit sombre et parfois vindicatif.

Voici comment s'ouvrent les travaux dans le chantier (la loge) du Carbonaro.

PÈRE MAITRE (Le Vénérable) demande au cousin Duchêne (au 1$^{er}$ surveillant) :

– Quel temps fait-il, cousin ?

R

– Très beau, Père Maître ; le Soleil se lève, le vent est calme, les feuilles des arbres sont tranquilles. (On dit le contraire quand le chantier n'est pas couvert.)

D

– Pourquoi le soleil s'est-il levé ?

R

– Pour favoriser notre travail.

D

– Que venez-vous faire ici ?

R

– Du mal en apparence, qui se changera bientôt en bien ; travailler pour vivre, vous souhaiter bonne vie, Pire Maître, et à tous les bons cousins et bons compagnons fendeurs, et à l'avantage.

D

– Qui, vous oblige au travail ?

R

– La terre qui ouvre ses entrailles en m'engageant à la cultiver pour y trouver ma subsistance.

D

– Avez-vous déjà travaillé au chantier ?

R

– Oui, Père Maître.

D

– Quelle en est la preuve ?

R

– Mon père (Dieu) et ma mère (la Terre) me sont connus.

*(Ici on bat la Diane.)*

« Cousins et bons compagnons, les outils sont affilés, chaque cousin est en santé, le soleil est levé, courons au travail… etc. »

En France, cette société a eu de nombreuses éclipses, mais elle a fait une nouvelle apparition, vers 1818. À cette époque, à la suite d'un projet d'insurrection avorté, certains membres d'une Loge maçonnique (Les amis de la Vérité) furent poursuivis et traqués par la police de la Restauration, comme étant des Républicains. Ils se réfugièrent en Italie, s'affilièrent aux Carbonari italiens et, en rentrant en France, ils rapportèrent un projet de Société secrète.

## La Marianne

Sous cette dénomination a été fondée à Paris, le 12 novembre 1848, une société dans le but de réunir en un seul faisceau tous les éléments démocratiques et leur donner une direction unique.

Son premier comité central résidant à Paris comprenait 70 membres ; de plus, elle avait un Conseil général composé de délégués cantonaux, départementaux, appartenant aux succursales de province, en correspondance entre elle et le Comité Central.

À la tête de cette société figurait Ledru-Rollin et un grand nombre d'anciens Commissaires généraux de la République des départements, parmi lesquels nous mentionnerons Martial-Bernard, Delescluze, Joly, Aubert, Coche, Germain Sarrut, Buvignier, Gambon, Mathieu, Lemaître, Ribeyrolles, et d'autres encore.

Les moyens d'action de la Marianne consistaient dans la création de journaux radicaux et dans la tenue de réunions publiques, afin de faire connaître au peuple ses devoirs et ses droits.

En somme, Marianne était une société créée en vue de défendre la République contre ses ennemis. À Son origine cette société ne réunit dans son sein que les débris d'une société antérieure, dénommée : Solidarité Républicaine , qui avait été dissoute par une circulaire de Léon Faucher, en date du 10 janvier 1849 : elle fut grièvement blessée le 13 juin 1849, enfin tuée par les arrêts en date du 20 octobre et novembre de la Cour de Paris. Elle survécut bien encore à tous ces accidents, mais elle ne fut plus que l'ombre d'elle-même, car elle était complètement désorganisée et sans main directrice pour la réorganiser ou la conduire : aussi dès ce moment ce n'est plus une société, mais un emblème insurrectionnel, autour duquel se rallient socialistes et radicaux ayant accepté sans restriction, l'esprit révolutionnaire.

L'emblème lui-même disparut bientôt, et la Marianne a tellement été oubliée que bien des gens sont encore à se demander si jamais il a existé une société organisée et hiérarchisée sous la dénomination de la MARIANNE.

## La Franc-maçonnerie

La Franc-maçonnerie est de toutes les sociétés secrètes la plus considérable, et aussi la plus connue ; nous n'en parlerons aussi que brièvement.

Durant le Moyen Âge, on voulut retrouver le culte mystérieux, les formes merveilleuses et emblématiques empruntées aux religions de l'Inde et de l'Égypte ; tout cela se retrouve aussi dans les hauts grades de la maçonnerie Écossaise ; mais combien la maçonnerie moderne est loin de connaître les symboles antiques et l'on peut dire que les institutions destinées à l'origine à conserver les principes des sciences ou les dogmes d'une Antique Sagesse n'ont aujourd'hui plus rien à voiler

L'origine de la M∴ est orientale et doit remonter à une haute Antiquité.

Les réunions des maçons se font dans les Loges qui doivent se composer au moins de sept membres ou frères ; le président se nomme le Vénérable et le fils d'un maçon est dénommé Loufton et non Louveteau , comme on le dit Vulgairement. Il peut être reçu apprenti, compagnon et maître dis l'âge de 15 ans, tandis que le fils du Profané ne peut l'être qu'à sa majorité, à 21 ans accomplis. Celui qui veut être Franc-maçon doit se soumettre à des épreuves qui pouvaient être autrefois redoutables, mais qui aujourd'hui ne présentent aucun danger.

Disons eh terminant ce qui touche à la Maçonnerie que les Roses-Croix y occupent une place importante, ce n'est guère que parmi eux que se sont conservées les idées mystiques de l'ancienne Kabbale Juive.

Le grade le plus élevée de la maçonnerie est dénommé Gadoche .

Les chevaliers de la liberté feraient remonter leur origine à Moïse, c'est une sorte de maçonnerie ; on ne sait pas grand-chose sur cette société secrète, qui aurait quelque rapport avec un ordre allemand, Les Mopses , qui s'éleva sur les ruines d'une branche de Maçonnerie vers 1736.

On peut considérer encore comme société secrète les Gnostiques, une secte religieuse qui existé encore de nos jours.

## Les Illuminés

Une grande société secrète est encore celle des Illuminés, qui a été créé sous l'inspiration de Swedenborg ou même de Jacob Bœhme, le cordonnier philosophe, qui vivait au XVIII$^e$ siècle. L'influence de Swedenborg a été considérable sur la secte des Illuminés, et le maître se défend d'avoir été dupe de son imagination dans ses visions, dans lesquelles il a conversé avec les Anges et les Esprits qui peuplent le monde invisible. Notre philosophe affirme avoir conversé avec le Seigneur, qui lui aurait donné une mission précise, celle de répandre les idées ; spirituelles et mystiques qui hantaient son cerveau. « Il a ouvert les yeux de mon esprit, nous dit-il, et il m'a introduit par ce moyen dans le monde spirituel, où j'ai vu les Cieux et les Enfers, où j'ai parlé aux Anges comme un homme parle à un homme, et cela pendant plus de vingt-huit ans ; je l'affirme en toute vérité. »

Dans une lettre à M, de Robsam, qui précède son Traité de Cœlo et Inferno, Swendenborg nous raconte la première entrevue qu'il a eue avec Dieu, c'était en 1745. Il dînait dans une auberge, et au milieu d'une vive lumière, il vit un homme qui lui dit d'une voix terrible : « Ne mange pas tant ! »

Et le soir même, le Seigneur, vêtu de pourpre se montra à lui resplendissant d'une lumière, éclatante : « Je suis Dieu, le Seigneur, dit-il, Créateur et Rédempteur, je t'ai choisi pour expliquer aux hommes le sens intime (ésotérique dirions-nous aujourd'hui), des Écritures sacrées, je te dirai ce que tu dois écrire. »

La vision de Dieu ou plutôt de l'émanation du Seigneur dura environ un quart d'heure et puis se dissipa totalement.

Swedenborg a parfaitement rempli la mission que lui a confié l'Émanation divine ; mais nous pouvons bien dire que les idées poétiques de l'extatique Suédois tiennent de l'ancienne Kabbale, dont le but est de nous ramener à la science des correspondances connues des Anciens, et dont le Livre de Job est rempli.

Ajoutons que les hiéroglyphes des anciens Égyptiens, de même que les Fables et les symboles les plus archaïques, n'étaient qu'une expression déguisée de ces correspondances, dont nous avons perdu la clef [1].

Il y aurait encore beaucoup à dire sur les Sociétés secrètes, mais nous devons nous arrêter ici en disant toutefois que beaucoup de ces confréries se réunissent dans des buts malsains, tels les Boucs, qui étaient une véritable Société d'assassins allemands. Les haschichéens ou hasichiens, qui se trouvaient sous la direction du Vieux de la Montagne, ne valaient guère mieux. On créa même un ordre, l'Ordre des Chevaliers du Désert, pour combattre ces Haschichéens ou Hassassins.

---

[1] Quelques auteurs considèrent comme le véritable Font dateur de l'Illuminisme Weishaupt, parce qu'il a rédigé des Instructions à ce sujet. En 1787, il a été créé à Avignon une Association des Illuminés, et aujourd'hui encore, à Paris, il y a une Association de Swedenborgiens qui se réunissaient ces dernières années sous la présidence de Décembre Allonier.

# L'Ordre teutonique

Quelques citoyens de Lubeck et de Brême qui avaient établi dans le camp des Croisés à Saint-Jean-d'Acre un hôpital pour les blessés chrétiens fondèrent, en 1190, l'Ordre teutonique. Le 12 Février 1191, une bulle papale de Célestin III confirmait l'institut des frères Hospitaliers teutoniques de Notre-Dame de Sion, et leur donnait pour costume un manteau blanc avec une croix noire dessus. La même bulle leur ordonnait de vivre sous la règle de Saint Augustin, et leur accordait tous les privilèges des Hospitaliers de Saint-Jean et des Chevaliers du Temple ou TEMPLIERS ; les Hospitaliers Teutoniques devinrent bientôt également des moines militaires, comme les deux ordres que nous venons de nommer.

Tout d'abord les Teutons s'en tinrent strictement au but de leur fondation, c'est-à-dire les soins des malades et des blessés, mais bientôt ils ne furent plus que des militaires. Ainsi, en 1210, sous le magistère de Herman de Saltza, nos Chevaliers qui s'étaient retirés à Venise furent appelés en Allemagne pour se mettre au service de Frédéric II, qui leur avait proposé la conquête de la Prusse encore païenne ; ils y portèrent la guerre et en 1227 ils s'étaient emparés de la plus grande partie du pays, qu'ils possédèrent comme un fief véritable, relevant de l'empire.

En 1238, les Portes-Glaives ou Chevaliers du Christ de la Livonie se soumirent aux Chevaliers Teutons ; en 1240, le landgrave de Thuringe et de Hesse, Conrard Grand-Maître de l'ordre, conquit la Courlande et une partie de la Lithuanie ; en 1256 le grand-maître, Poppon d'Osterne, bâtit la ville de Kœnisberg ; en 1275, un autre Grand-Maître fonda la ville de Marienbourg. Saint-Jean d'Acre fut assiégée par les infidèles en 1290, mais les Chevaliers Teutons qui étaient partis pour la défendre furent d'un secours inutile, la ville fut prise en 1291 et les Chevaliers se retirèrent définitivement en Allemagne et prirent pour capitale de leur résidence une ville de Hesse : Morbourg. Enfin jusqu'au commencement du XVIe siècle, les Chevaliers sont constamment en guerre, tantôt en Pologne et naturellement ils sont ou vainqueurs ou vaincus, plus souvent vaincus ; parfois même dans de sanglantes batailles, comme celle de Tanberg (15 juillet 1410) les Grands-Maîtres restent sur le champ de bataille. À la suite du Traité de paix qui suivit, les Frères perdirent la Samogitie que Conrard de Jungingen avait acquise des Polonais.

En 1441, sous le magistère de Conrard d'Erlichshausen, les villes de Dantzig, d'Elbing, de Kœnigsberg et de Thorn, secouèrent le joug des Chevaliers teutons, mais ce ne fut qu'après de sanglantes batailles entre Chevaliers et Polonais.

En 1466 un Grand-Maître est forcé encore d'accepter la paix imposée par Casimir IV, roi de Pologne, qui s'empara de la Prusse occidentale et ne laissa aux Chevaliers la Prusse orientale qu'à la condition de reconnaître comme suzerain le roi de Pologne. – Soixante ans plus tard, le margrave de Brandebourg, Albert, propre neveu de Sigismond, roi de Pologne, essaya bien de secouer la suzeraineté de son oncle, mais ce fut en vain. Cette tentative ne réussit qu'à amener des luttes sanglantes qui durèrent plusieurs années et dévastèrent les deux pays en pure perte. En 1525 le Grand-Maître de l'Ordre, Albert, embrassa avec ardeur le Luthérianisme, espérant ainsi posséder une plus grande autorité ; il se rendit à Cracovie pour y conclure un Traité, afin de se faire reconnaître duc héréditaire de tout ce que l'Ordre possédait en Prusse. Le Traité fut conclu et signé le 8 avril 1525, mais pour que l'héritage fût réversible sur la tête de ses frères et de leur successeur, Albert dût accepter l'investiture du roi Sigismond.

Il prit alors possession de son Duché, secondé par les Polonais, en chassa tous les catholiques, se fit Luthérien avec un grand nombre de ses chevaliers et, l'année suivante, il épousa la fille du roi de Danemarck.

Depuis environ un siècle, l'Ordre Teutonique avait été singulièrement affaibli par des guerres désastreuses, comme nous venons de le voir, ainsi que par des dissensions intestines : en outre une scission s'était produite depuis 1521, puisque Walter Plettenberg, Grand-Maître de Livonie s'était rendu indépendant et avait été reconnu tel et prince de l'Empire par Charles-Quint. Aussi le mariage d'Albert avec la fille du roi de Danemark et sa fuite dans le Luthérianisme, accompagnée des foudres de l'Empereur et du Pape mirent fin à l'existence politique des Chevaliers de l'Ordre Teutonique, bien qu'il n'ait été supprimé définitivement que par Bonaparte (24 avril 1805).

Voici la nomenclature chronologique des Grands-Maîtres de l'Ordre.

1. Henri de Valpot, 1191 ; – 2. Othon de Kaerpen, 1200 ; – 3. Herman de Bard, 1206 ; – 4. Herman de Saltza, 1210 ; – 5. Conrard, 1240 ; – 6. Poppon d'Osterne, 1253 ; – 7. Hannon de Heldrungen, 1275 ; – 8. Burchard de Schewenden, 1283 ; – 9. Conrard de Feuchtwangen, 1290 ; – 10. Godfroy de Hohenlohe, 1297 ; – 11. Sigfroy de Feuchtwagen, 1309 ; – 12. Charles Beffort de Trèves, 1312 ; – 13. Werner d'Orselen, 1324 ; – 14. Ludger de Brunswick, 1331 ; – 15. Dietrick d'Oldenbourg, 1335 ; – 16. Ludoph Konig, 1341 ; – 17. Henri Dusemer d'Arffberg, 1345 ; – 18. Weinrich de Knipenrode, 1351 ; – 19. Conrard Zulner de Rudenstein, 1382 ; – 20. Conrard de Wallenrode, 1390 ; – 21. Conrard de Jungingen, 1393 ; – 22. Ulrich de Jungingen, 1407 ; – 23. Henri Reuss 1$^{er}$, 1410 ; – 24. Michel Kuchenneister de Sternberg, 1413 ; – 25. Paul Peltnitzer de Rusdorff, 1422 ; – 26. Conrard d'Erlichshausen, 1441 ; – 27. Louis d'Erlichshausen, 1449 ; – 28. Henri Reuss II 1469 ; – 29. Henri Reffle de Richtenberg 1470 ; – 30. Martin Treuchses de Wetzhausen, 1477 ; – 31. Jean de Tieffen, 1498 ; – 32. Frédéric, duc de Saxe, 1499 ; – 33. Albert, Margrave de Brandebourg, 1510 ; – 34. Walther de Cronberg, 1526 ; – 35. Walgang Schutzbar dit Milcheling , 1543 ; – 36. Georges Hund de Wenchheim, 1566 ; – 37. Henri de Bobenhausen, 1572 ; 38. Maximilien, archiduc d'Autriche, 1585 ; – 39. Charles, archiduc d'Autriche, 1618 ; – 40. Jean Eustache de Westernach, 1625 ; – 41. Jean Gaspar de Sadion 1627 ; – 42. Léopold Guillaume, archiduc d'Autriche, 1641 ; – 43. Charles Joseph, archiduc d'Autriche, 1672 ; – 44. Jean Gaspar d'Ampringen, 1664 ; 45. Louis Antoine, comte Palatin de Neubourg, 1685 ; – 46. François Louis, comte Palatin de Neubourg, 1694 ; – 47. Clément Auguste de Bavière, 1732 ; – 49. Charles Alexandre de Lorraine, 1761 ; – 56. Maximilien, archi duc d'Autriche, 1780.

Le traité de Presbourg signe en 1805 accorda à l'Empereur d'Autriche, les droits, titrés et revenus du Grand-Maître de l'Ordre Teutonique qui fut comme nous l'avons vu précédemment, définitivement supprimé le 24 avril 1809.

# Chapitre X

# Météréologie physique et mystique. – Curiosités météréologiques et autres

Par la Tradition, par des écrits de l'Antiquité et par des Chroniques du Moyen Âge, nous avons appris que lors des grandes guerres, des troubles et des révolutions, on a vu très souvent des prodiges se produire dans la nature, ce sont ces phénomènes, que nous allons étudier dans le présent chapitre, ainsi que les phénomènes sismiques et astronomiques ; leur variété est considérable ; ce sont : des pluies de sang ou de lait, des voies mystérieuses qui se font entendre, des cliquetis dermes, des chevauchées guerrières effrénées, qu'on entend au sein des tempêtes et au milieu des nuages.

Chez un très grand nombre de peuples, la Tradition nous apprend qu'on a pu voir ou entendre les faits qui précèdent et d'autres analogues, aussi extraordinaires qu'on dénomme Surnaturels ; ajoutons que les récits traditionnels se mêlent parfois à des vérités historiques et les dénaturent ; trop souvent !

Beaucoup de ces faits réputés merveilleux peuvent être fort bien expliqués par une observation attentive des phénomènes naturels ou par la connaissance des sciences physiques, chimiques, astrologiques ; d'autres relevant du domaine occulte, paraissent au contraire, tout à fait inexplicables.

Nous allons passer en revue les divers phénomènes en question, ainsi que les curiosités très diverses dans le domaine des sciences naturelles.

ÉCLIPSES.– En étudiant les travaux historiques des peuples civilisés, ainsi que les superstitions des nations, sauvages, on voit chez tous, du Nord au Midi, des Pôles aux Tropiques, que les Éclipses ont, toujours répandu la terreur. Les hommes se figuraient que le Soleil était combattu par un monstre terrible et que s'il succombait dans la lutte, il allait périr et entraîner à la suite de sa perte le monde qui n'aurait pu vivre sans ses rayons bienfaisants. Heureusement que l'anxiété n'était pas de longue durée, car bientôt l'astre du jour réchauffait de ses rayons lumineux les populations encore sous le coup de la terreur ; ces populations se réjouissaient en poussant des cris de joie qu'ils accompagnaient au son d'instruments de musique variés.

COMÈTES.- FEUX ERRANTS ASTRAUX.- FEUX SAINT-ELME.- Les Comètes n'ont guère exercé d'influence sur les populations sauvages, celles-ci ne voyaient dans ce brillant phénomène, qu'un signe de bonheur et de prospérité, de même que dans les étoiles filantes et les pluies d'étoiles. Ce n'est guère que chez les peuples ayant quelques notions d'astronomie, qu'on a pu s'effrayer de la marché rapide de certains météores, qu'on supposait par des calculs exagérés, pouvoir provoquer des chocs dangereux contre notre globe ; mais nous nous plaisons à le répéter, il fallait avoir assez d'acquis scientifique pour établir des calculs quelconques pouvant affirmer ou infirmer de prétendus chocs.

Aujourd'hui la science astronomique, nous explique tous ces phénomènes et nous ne redoutons plus en général de graves dangers, les gens superstitieux se contentent d'y voir seulement des pronostics de guerre, d'autres prétendent que le vin de l'année de la comète sera excellent.

Enfin, anciennement les anciens navigateurs éprouvaient un grand effroi, quand ils voyaient apparaître dans le ciel, des feux errants connus, sous le nom de Feux de Saint-Elme .

AURORES BORÉALES. Les aurores boréales, qu'il serait mieux de désigner sous le nom d'Aurores polaires , puisque, elles se montrent aux pôles, ont exercé une grande influences sur les esprits élémentaires, sur les intelligences sauvages et même à demi sauvages.

Les Japons croient reconnaître dans ce phénomène les jeux mystérieux des âmes . – Les habitants de la Sibérie croient y voir et y voient réellement par autosuggestion, des bandes et troupes d'esprits, qui se combattent dans les airs. – Les Américains, ceux qui habitent le Nord-Ouest nomment l'aurore boréale le daim, par un singulier rapprochement comme on va voir. Souvent les aurores boréales projettent à l'horizon des sortes d'étincelles électriques, or quand on frotte rapidement une bête fauve, il s'échappe de l'animal, des étincelles électriques, de là le nom de daim donné par les Américains à l'aurore boréale.

À Paris, on a vu de nombreuses aurores boréales, une des plus belles à laquelle, il nous a été permis d'assister a eu lieu l'année de la guerre de 1870 et une grande partie de la population Parisienne a supposé qu'il y avait un immense incendie, soit au Mont-Valérien, soit à Montmartre, car cette aurore avait un grand développement.

L'aurore boréale de 1465 jeta dans Paris toute la population dans la consternation ; il en fut de même en 1820 à Bordeaux, où tous les habitants crurent à l'incendie totale de la ville.

On disait que Charlemagne rendit un édit contre les Aurores boréales, parce qu'on y voyait alors des Assemblées de démons préparant l'incendie de la Terre entière…

Aujourd'hui, nous savons ce que c'est qu'une Aurore boréale, c'est tout simplement un phénomène qui est intimement relié au Magnétisme terrestre, toutes les Encyclopédies nous expliquent parfaitement ce phénomène qu'avaient tout particulièrement observé et étudié Mairan et Monge ; mais les explications fournies par ces deux savants ne sont pas admises aujourd'hui ; ainsi Monge y voyait : « une suite de réflexions successives de la lumière du soleil par des nuages qui la font passer de l'hémisphère où se trouve le soleil à celui qu'il a cessé d'éclairer immédiatement. »

Quand à Mairan, il prétendait, (ce qu'on ignore) que l'Aurore boréale est éloigné de la terre de deux cents et même de trois cents lieues.

ÉTOILES FILANTES.– PLUIE D'ÉTOILES.– BOLIDES.–

Les étoiles filantes brillent plus ou moins ; leur éclat varie suivant la composition de leur matière inflammable. Leur vitesse est aussi également variable et elle peut atteindre parfois 70 kilomètres par seconde, de même que les planètes, elles obéissent aux lois de la gravitation universelle.

L'apparition de ces étoiles a lieu à des époques indéterminées, cependant elles apparaissent plus spécialement du 9 au 11 août et du 12 au 14 novembre. Il est fort rare qu'on aperçoive ces petits astres en plein jour, on ne les voit bien que pendant la nuit, et il n'est pas rare alors de pouvoir compter jusqu'à douze étoiles sporadiques par heure ; enfin ; ajoutons que leur marche est modifiée par le mouvement annuel de la terre sur son orbite, et le maximum de leur nombre se trouve dans la direction opposée.

Que sont donc, ces étoiles filantes, qu'on a justement comparées au bouquet final de nos feux d'artifice ? Pendant longtemps on a cru, Klépler entre autres, que ces météores étaient dûs aux exhalaisons terrestres.

Aujourd'hui on en revient avec raison à la supposition de Plutarque, qui prétendait que les météores provenaient d'astéroïdes circulant autour du soleil et qu'ils ne devenaient lumineux qu'au moment où, traversant les espaces atmosphériques, ils sont soumis à la compression des molécules de l'air.

En 1779 le savant Humboldt dans la nuit du 13 au 14 novembre put observer des milliers d'étoiles filantes dans les environs de Tumana.

En 1823 ; toujours en novembre Albers vit en Amérique un essaim considérable d'étoiles filantes, que Palmers et Olmter n'évaluèrent pas à moins de 240 000, environ, dans l'espace de neuf heures que dura leur observation.

En l'année 1902 depuis le 9 août jour du couronnement du Roi d'Angleterre on a pu voir jusqu'au 18 du même mois, le firmament traversé par d'innombrables étoiles filantes.

Quand elles apparaissent sous la forme de globe de feu les Étoiles filantes prennent le nom de Bolides . Dans ce cas, elles éclatent à la fin de leur course en faisant entendre une ou plusieurs détonations, semblables au bruit du tonnerre. Les bolides, nous venons de le voir, sont des corps lumineux et sont souvent entourés de nuages de fumée et suivis d'une traînée brillante qui rappelle celle des comètes. En éclatant ou en se divisant, les bolides répandent une forte odeur de soufre ou d'acide sulfureux et les fragments analysés de ces aérolithes donnent du fer, du nickel, du cobalt, du silicium, des silicates de chaux, de magnésie et de potasse, ce sont là les éléments qui entrent en grande partie dans leur composition.

En 1718, on a pu apercevoir à Quesnoy, un nuage ; sur une place publique, qui fit entendre à plusieurs reprise des craquements sinistres et qui donna passage à un aérolithe qui vint frapper la tour de l'Église au grand effroi des habitants.

Les bolides, qu'on nommait anciennement Pierres à tonnerre , à cause du bruit qu'elles faisaient en éclatant, montrent généralement une surface brillante et métallique, mais d'autres ont leur couche superficielle mate.

Voici quelques renseignements curieux que nous fournissent à leur sujet, les astronomes Margalé et Zurcher :

« En général, les aérolithes se retirent d'une assez grande profondeur du sol ; ceux qu'on a pu toucher au moment de leur chute étaient très chauds ; mais on a pu observer dans le Bengale, un aérolithe d'aspect terreux qui glaçaient les mains des personnes qui voulaient le relever. On s'explique facilement cette basse température, si on admet que ces corps ont traversé des espaces interplanétaires, dans lesquels le froid s'abaisse, suivant quelques physiciens jusqu'à 140 degrés. »

À toutes les époques, les pluies d'étoiles filantes, les bolides ou météorites, et les boules de feu rayant l'atmosphère [1] ont été considérées, comme des manifestations divines et les bolides : plus particulièrement ont la réputation de porter bonheur à ceux qui en possèdent ; aussi n'est-il pas rare de voir bien des personnes en couper des petits morceaux pour les porter en breloques. On cite même un trait de fanatisme typique, c'est que dans le Gouvernement de Penza en Russie, les habitants, quand ils peuvent obtenir une météorite la pilent et l'absorbent dans leur boisson, persuadés, qu'ils se maintiendront de la sorte en bonne santé.

Dans l'Antiquité, les pierres tombées du ciel étaient considérées, comme des Divinités véritables ; on adorait ces blocs plus ou moins volumineux sous le nom de Cybèle en Phrygie, d'Elagabale en Phénicie, de Jupiter Ammon en Lybie.

Les monnaies de Septime Sévère et de Marc Aurèle reproduisaient à leur verso des reproductions de météorites.

Dans l'Antiquité, les témoins de ces curieux phénomènes leur donnaient une origine divine et parfois ils admettaient, quand quelqu'un était tué par la chute de bolides, qu'ils accomplissaient une vengeance divine, plus, particulièrement celle de Jupiter, aussi adoraient-ils sous la forme divine, leur divinité ; ils les considéraient aussi comme des talismans et ils s'en servaient dans la fabrication d'armes qu'ils offraient en don à leurs chefs.

Les savants incrédules non seulement ne croyaient pas aux superstitions que le vulgaire attachait aux bolides, mais ils ne croyaient même pas à leur existence. Cependant le 26 avril 1803 un bolide de plus de 8 kilogrammes éclata à Laigle (Orne) et fût observé par un membre de l'institut qui en adressa un rapport à la section des sciences.

Deux savants le D$^r$ Howard et le célèbre Chladin, l'auteur d'un ouvrage d'acoustique établirent des statistiques et dressèrent des tables, dans les quelles figurèrent des aérolithes tombés avant l'ère chrétienne.

Dans un annuaire du bureau des Longitudes de Paris, nous relevons le poids de divers bolides notamment celui de Laigle (Orne) qui pesait 8 kilog. 50 ; dans l'Ardèche à Juvénas, on en a trouvé un pesant 92 kilog. ; à Caille, dans les Alpes-Maritimes un bolide a atteint le poids de plus de 590 kilog. Mais dans le Nouveau-Monde on a vu des bolides atteindre 6 et 14 tonnes, au Mexique et au Brésil et jusqu'à quatorze et dix-neuf à Olimpa (Tuccuman) et à Duranzo, au Mexique.

Dans le Traité de météorologie du Père Cotte, nous voyons, qu'en 1686, à Leipsick un bolide fournissait une lueur assez éclatante pour permettre de lire en pleine nuit, sans aucune difficulté.

Dalbas nous apprend qu'en 1717, il a été témoin à Boulogne du passage d'un globe de feu, dont la grosseur apparente était pareille à celle que nous voyons à la lune, mais que ce globe avait l'aspect d'un beau soleil couchant et qu'il était suivi d'une longue et lumineuse traînée. Ce bolide était entouré de flammes, qu'une fumée noire empêchait de bien voir.

Au sujet des bolides, nous signalerons le fait curieux suivant cité par Mirville [2] :

« Chacun connaît la théorie des bolides (météores) et des aérolithes… Dans le Connecticut (E.-U.-A.) le peuple fût témoin d'un immense aérolithe (une masse d'un diamètre de 1800 pieds de diamètre soit 500 à 600 mètres cubes bombardant toute une zone de territoire, puis retournant dans les airs d'où il était venu.)

Ce fait si phénoménal pourrait passer auprès de nos lecteurs pour un véritable canard américain, mais quand nous dirons au lecteur que Mirville a tiré son récit d'un écrivain, d'un astronome des plus sérieux, d'un savant véritable, d'Arago, nos lecteurs seront bien obligés d'y ajouter foi, comme nous y avons ajouté foi nous-mêmes.

Voici encore un autre fait curieux.

Dans le courant du mois août vers le 20, en 1902 en plein Paris, il est tombé dans la nuit, à l'angle de la rue Réaumur et du boulevard Sébastopol, un bolide qui a failli tuer un officier de paix qui faisait sa ronde. Ce bolide après avoir tracé dans le ciel une traînée lumineuse vint s'enfoncer profondément dans la chaussée de bois. Quelques nuits d'avant du 9 au 14 août, les astronomes avaient pu observer un véritable essaim d'étoiles filantes (Les Perséides) surtout pendant la nuit du 10 août jour de Saint Laurent ; ce qui justifie une légende très populaire, qui prétend que ces étoiles filantes sont des larmes que saint Laurent versa sur le gril de son martyr, ordonné par Valérien [3].

Les populations irlandaises nomment également ces curieux météores « Larmes de saint Laurent », en août, on les dénomme Perséides, parce qu'elles semblent sortir de la constellation de Persée, en novembre Léonides , parce que leur essaim parait émaner de la constellation du Lion. – Ces météores n'ont leur flux maximun que tous les 33 ans ; d'après les calculs astronomiques ; ce maximum aurait été atteint en novembre 1899 ; malgré cela, on nous avait prédit pour le mois d'août 1901 une pluie extraordinaire d'étoiles filantes, prédiction qui s'est réalisée comme nous l'avons vu supra .

ÉRUPTIONS VOLCANIQUES ET TREMBLEMENTS DE TERRE.– On sait parfaitement aujourd'hui que les grands troubles atmosphériques, les perturbations magnétiques, les gros orages et parfois les Auréoles Boréales sont des phénomènes concomitants. – Des dernières théories de la science, il résulte que le Soleil, a une grande influence sur toutes les diverses perturbations atmosphériques, car on doit considérer l'astre du jour comme une colossale machine dynamo-électrique ayant ses deux pôles nettement caractérisés. Quand il arrive à ceux-ci, l'induction solaire maxima, il se produit le plus grand effet électrique. – Nous n'essaierons pas d'analyser ou même d'exposer cette théorie qui nous mènerait trop loin et nous nous bornerons à dire que les cataclysmes terrestres, les éruptions volcaniques et par suite les tremblements de terre ont une cause Cosmique et non locale et terrestre, comme on l'avait toujours cru jusqu'ici ; ce qui le démontre c'est que généralement ces phénomènes terrifiants se produisent simultanément sur les deux hémisphères.

Nous en avons eu un terrible exemple lors de l'éruption du Mont-Pelé à Saint-Pierre de la Martinique, (8 mai 1902) en effet, quelques ; jours plus tard, des tremblements furent ressentis au Guatémala.

Nous ajouterons qu'il est bien évident pour nous, que dans les éruptions volcaniques, comme celles de la Martinique de 1902 par exemple, il y a une corrélation certaine entre les phénomènes solaires et terrestres, car les planètes exercent une influence générale très marquée sur les phénomènes terrestres.

Ainsi, toute personne connaissant quelque peu la question des mouvements sismiques aurait pu prédire dès les premières éruptions de la Martinique que pendant le mois d'août, de nouvelles éruptions surviendraient, comme elles sont survenues, car à ce moment le soleil descendant vers l'Équateur passerait de nouveau au Zénith de l'île et donnerait certainement une recrudescence à la chaleur souterraine, qui ne pouvait être calmée, après la violente éruption survenue antérieurement ; du reste d'après une théorie assez accréditée, on admet que les fluides exercent en dessous d'eux, une action perturbatrice considérable, quand ils sont au Zénith ou au Nadir du lieu témoin des catastrophes sismiques.

Or le 15 août 1902, à midi, le soleil était à quelques minutes près, au Zénith du Mont-Pelé, son action fût donc déterminante ; aussi la chaudière du mont surchauffée fit-elle explosion.

Le 30 août, la lune alors à son périgée, passait au même Zénith, après avoir plané pour ainsi dire au-dessus de l'île et cela, depuis le 25 août, durant la période du lunistice.

Ainsi la dépression longuement préparée et entretenue causa les trois explosions terribles du 30 août, et du 3 et 5 septembre.

Il ne faut pas oublier du reste, que les grosses, planètes éloignées de notre Terre ont une grande, influence sur les éruptions et tremblements de terre, parce que, ayant un très faible mouvement en déclinaison, elles creusent constamment les mêmes parallèles ; aussi il en résulte que ceux-ci se trouvant directement au-dessous du soleil et de la lune, il se produit une grande accentuation de dépression ou de l'incandescence des fluides.

Donc, d'après notre théorie, il serait bien évident que les planètes prépareraient certes les éruptions et le soleil de même que la lune seuls ou à la fois, les détermineraient certainement.

Ajoutons ici que des évocations des incantations des conjurations, des mantrams peuvent également amener des perturbations atmosphériques vraiment terribles ; nous citerons un article paru dans le Lotus bleu [4] et signé du commandant D.-A. Courmes qui raconte tout au long ce qui lui est survenu dans un article Intitulé : Une Adjuration en mer.

Ce qui précède nous montre l'influence du vent relativement aux catastrophes atmosphériques et sismiques.

Il n'est donc pas étonnant que leur puissance ait été identifiée à des personnalités, à des entités de l'air. Qu'était le vent dans l'antiquité ? Hésiode nous dit que les vents étaient la fille du géant Typhée, qu'Éole pouvait entraîner ou déchaîner suivant son bon plaisir. Le vulgaire a toujours désigné les vents : Esprits de la tempête ; ce que le Psalmiste désigne sous les termes de Spiritus procel larum : « Dixit et statim stetit procellarum spirltus. »

Il dit : et l'esprit (le souffle) des tempêtes s'est apaisé.

La croyance que certaines personnes ont le pouvoir de commander aux vents est très ancienne.

Pausanias nous dit avoir vu en Sicile des personnes qui par leurs incantations détournaient le vent ou la grêle [5].

Charlemagne avait légiféré contre les Tempestarii, c'est-à-dire contre des hommes, qui de son temps avaient le pouvoir de commander aux vents

Les sorcières d'Écosse, au moyen d'un simple chiffon qu'elles trempent dans l'eau et qu'elles frappent trois fois sur une pierre font souffler le vent en disant : « Je bats le chiffon sur la pierre pour faire lever le vent et il ne cessera que par ma volonté ! »

Dans une île, située au large de la côte du comté d'Argyde, à Gigha, il existe une source, nommée « Thobarrath Bluathaig » ou source du bonheur qui exerce un pouvoir sur le vent et voici comment les habitants s'y prennent pour utiliser ce singulier pouvoir.

La source est recouverte d'une voûte en pierre, quand on désire un vent favorable, on ouvre une porte (un regard) pratiqué dans la voûte, et l'on nettoie avec une coquille ou un ustensile en bois (il ne faut pas employer du métal) le lit de la source. On jette l'eau puisée dans la direction d'où l'on désire voir souffler le vent et en prononçant certaines invocations ; puis on a soin de refermer la porte ou regard.

Dans une des îles Hébrides (Fladdohuan) il y avait autrefois sur l'autel de la chapelle de Fladda une pierre sphérique de couleur bleuâtre qui était toujours humide or les pêcheurs qui étaient retenus dans l'île par des vents contraires n'avaient qu'à faire le tour de la chapelle Fladda, suivant le cours du soleil et en arrosant la pierre pour obtenir bientôt un vent favorable.

Revenant aux perturbations atmosphériques nous dirons que tout dernièrement en novembre 1902 ; des tourbillons de poussière en Australie ont épouvanté les populations dans les États du Sud.

L'extrême sécheresse avait détruit les pâturages et laissé à nu le soi. Des coups de vents soulevaient la poussière formant de véritables simouns.

L'express de Melbourne nous donne les détails suivants que nous abrégeons : L'air épais et extrêmement lourd avait la consistance et la couleur de la purée de pois. Beaucoup de villes furent plongées pendant des heures entières dans une complète obscurité. Les voies ferrées étaient en plusieurs endroits recouvertes de monceaux de sable. Quand le vent fût tombé, on put jouir d'un spectacle splendide.

Comme dans un changement à vue de théâtre, l'atmosphère fût soudain nuancée de rose brillant comme si elle avait été éclairée par des millions de veilleuses roses. Cette illumination féerique était causée par de très fines poussières en suspension dans l'atmosphère.

Un phénomène des plus remarquables fut la chute d'une grande quantité de boules de feu, qui mirent le feu à des bâtiments. Au milieu du jour, la ville fut plongée dans une telle obscurité que les habitants durent s'éclairer avec des lanternes, pour circuler dans les rués.

Dans la Nouvelle Galles du Sud, la poussière, rouge restait suspendue comme un voile épais faisant l'obscurité non seulement à Sydney, mais dans plusieurs villes de l'intérieur. Le pays était enveloppé de cette poussière rouge que l'on croyait venir du grand désert de sable du centre de l'Australie.

Cinq ou six cratères du volcan Savaü aux Samoa étaient au mois de novembre 1902 en éruption et vomissaient de la fumée et des flammes ;

aussi les géologues redoutaient-ils le renouvellement des anciens bouleversements, sismiques de la Nouvelle Zélande.

PLUIES DE PIERRES ET DE SOUFRE. Aujourd'hui, nous ne croyons plus aux pluies de soufre et de pierres (sauf autour des volcans) ; nous savons parfaitement que le pollen de certaines fleurs, notamment de celles des pins et des sapins, nous savons disons-nous, que ce pollen emporté au loin, fort au loin par le vent peut couvrir de grandes surfaces et il suffit de prendre entre le pouce et l'index de cette poussière pourvoir qu'elle n'est pas du Soufre ; En ce qui concerne les pluies de pierres, ce ne sont guère que des tornades et des cyclones qui peuvent après les avoir enlevées d'un lieu, les rejeter dans un autre, et la chute des aérolithes nous prouve également ce qu'il faut penser des pluies de pierres !...

MIRAGE.– Parmi les phénomènes naturels, l'un des plus curieux est certainement le Mirage , qui fait croire à la personne qui en est atteinte, qu'elle voit réellement une chose qui n'existe pas : des merveilles fantastiques, des Palais, de grands lacs dans un désert, etc., etc.

Aussi prodigieux, aussi fantastiques que soient du reste, les effets du mirage, nous en connaissons les causes ; elles sont dues principalement à la réflexion accidentelle des objets terrestres dans les couches inférieures de l'air.

Sur les rivages de la Calabre, il existe un mirage qui est comme un jeu de féerie et très célèbre ; nous voulons parler des Palais fantastiques de la Fata Morgana , palais changeants de formel, comme les nuages mêmes, brillants parfois comme des météores et qui selon la tradition populaire ne sont érigés que par le caprice de fées se moquant des hommes.

Les Persans et les Arabes ont célébré dans leur poésie, des mirages très divers.

## Les plantes semi-animales

Dans son Origine des espèces , le savant anglais Darwin a attiré l'attention des naturalistes sur diverses plantes carnivores, qui saisissent les insectes, les petits mollusques, crustacés et qui referment sur eux, leurs pétales, sucent leur sang et puis rejettent leur peau vidée, desséchée. On pourrait faire végéter ces mêmes plantes en leur donnant des petits morceaux de viandes qu'elles dévoreraient avec rapacité.

Nos lecteurs connaissent ou du moins ont entendu parler de la Dionée attrape-mouche , décrite dans tous les manuels de botanique et qui est un végétal si curieux.

Eh bien, il existe dans la mer qui baigne la presqu'île de Malacca et de l'île de Sumatra, une plante plus curieuse encore. Cette plante de la famille ou du moins de l'espèce des Nepenthes et des urticaires habite au fond de la mer, elle est pour ainsi dire animée, et ses fleurs sont de véritables bouches, ou gueules qui s'ouvrent, chassent les crabes et les petits poissons, les mangent et les digèrent et elle reste immobile tout le temps de la digestion.

Dans la presqu'île de Malacca à Bornéo, à Sumatra, à Java ; il existe une plante fort curieuse du genre Drosera , qui n'est formée que d'une fleur qui guette un poisson étrange l'anabas qui sort de l'eau pour prendre l'air, un bain d'air si l'on veut et dès qu'elle le voit, la fleur se jette sur lui l'attrape et se met à le dévorer consciencieusement car dans cette lutte entre la fleur et l'animal, c'est toujours celui-ci qui succombe.

Divers voyageurs rapportent qu'on trouve le long des grands fleuves qui traversent la région des grands, lacs de l'Afrique centrale un grand arbre, dont il existe des spécimens à Madagascar, qui peut saisir et absorber des animaux aussi grands que les singes ; d'aucuns disent jusqu'à des hommes qui auraient grimpé à leur sommet.

Cet arbre affecterait dans son tronc la forme d'un énorme ananas de 2 mètres 50 environ de hauteur, du sommet duquel s'échappent 8 à 10 feuilles de 3 mètres 56 de longueur et très épaisses. Le cœur ou milieu de ce verticille est blanc de forme ronde et concave, on dirait une petite assiette posée dans une plus grande. Cette sorte de réceptacle contient une liqueur claire et visqueuse à saveur miellée et possède à un très haut degré des propriétés enivrantes et narcotiques, au-dessous des rebords de la concavité dont nous venons de parler sortent d'innombrables rejetons chevelus, longs ; verts et presque horizontaux qui ressemblent à de véritables hampes de lance de 2 mètres 50 de long terminées par une sorte de flèche rigide comme du fer.

Au-dessus de ces rejetons dans l'intervalle compris entre ce que nous avons comparé à deux assiettes, six scions ou petit rejetons se dressent en l'air s'agitant avec une grande agilité.

Cet arbre est adoré par les populations qui lui font, au dire des voyageurs, des sacrifices humains principalement dans les tribus sauvages du Tanganika chez les Mongous, les Ormas, les Gallas et les Ouagogos et à Madagascar chez les Nikodos.

Voici comment s'accomplit le sacrifice.

Les nègres exécutent autour de cet arbre sacré des danses échevelées en poussant des cris et des hurlements lamentables et après avoir chanté des hymnes propitiatoires. Après des vociférations farouches, ils entourent une des femmes de l'assemblée et la poussent avec leur lance afin de la faire grimper sur le sommet de l'arbre puis il la force à s'asseoir dans la cavité qui forme le cône tronqué au-dessous duquel partent les scions.

À ce moment la figure des nègres prend une expression de désespoir et ils crient à la victime : arak, arak c'est-à-dire : Bois ! Bois !

Celle-ci se résigne à absorber la liqueur que renferme la coupe de la mort , bientôt elle se dresse ivre, comme mue par un ressort, elle se trouve dans un état d'ivresse et d'exaltation extraordinaires ; alors le Moloch arborescent enveloppe la tête de la victime de ses scions et avec leur aide boit son sang.

Quelques instants après, on peut même voir des traînées de sang mêlées à la liqueur visqueuse, alors les sacrificateurs abattent les feuilles de l'arbre ou lui pratiquent une incision, ils se précipitent sur l'arbre et recueillent à pleines mains les excrétions sanguinolentes et visqueuses, ils sont pris de frénésie et se livrent à une orgie d'un caractère aussi hideux que grotesque.

Un être des plus curieux de la création c'est l'aweto ; c'est un être moitié plante et moitié animal originaire de la Nouvelle-Zélande : il naît plante et meurt bête. C'est la chenille de l'Hipiolis virescens ; elle mesure cinq à six centimètres de longueur, et ne vit exclusivement que sur un arbre dénommé par les Indigène Rata , espèce de myrte à fleurs rouges. Dans la première période de son existence, cet insecte se comporte comme ses congénères, mais ensuite il se retire à quelques centimètres au-dessous de terre.

Arrivé à cette période une spore de champignon (Sphœria Robertsii ) se fixe derrière la tête de la petite chenille, elle y prend racine, traverse le sol et sort de terre pour donner naissance au champignon proprement dit qui affecte une forme allongée (Il ressemble à un petit jonc). La radicelle du cryptogame se développe en même temps et remplit le corps de la larve, sans en changer la forme, mais ayant totalement remplacé la substance animale par une substance végétale. – Quand cette transformation est complète, le cryptogame et la chenille meurent, ils se dessèchent et deviennent comme un corps dur. La bête, et la plante sont créés l'un pour l'autre, on ne rencontre du reste jamais l'un sans l'autre, jamais de larve hipialis sans champignon sphœria , et vice versa. – l'aweto est d'un vert clair. – Cf sur ce sujet. Echo du Merveilleux n[os] 15 mars et 15 avril 1903.

---

1 Disons que les boules de feu sont des phénomènes électriques connus sous le nom d'éclairs globulaires, qui se sont produits également pendant les éruptions du Mont-Pelé à la Martinique et à la soufrière à Saint-Vincent.

2 TOME III, p 462 qu'il a lui-même tiré des œuvres d'Arago, TOME II p 229.

3 Raphaël a peint en 1513 une toile splendide qu'on peut voir au Vatican La Madone de Foligno. On y voit dans le ciel un bolide trouant l'espace et il n'est pas douteux que le divin Raphaël se soit inspiré de la chute célèbre des météorites survenue aux environs de Milan le 4 septembre 1511.

4 N$^e$ du 27 mars 1903, p. 22.

5 Les Druidesses de l'île de Sein commandaient également aux vents.

# Chapitre XI

# Les occultistes contemporains et le mouvement occultique

## (du XII$^e$ au XX$^e$ Siècle)

En lisant le titre du présent chapitre le lecteur ne doit pas s'attendre à ce que nous puissions traiter la question dans des limites aussi restreintes ; il y faudrait en effet consacrer un gros Volume. Aussi devons-nous dire que nous voulons seulement donner un aperçu très général sur les Occultistes contemporains et une courte esquisse du mouvement occultique moderne.

L'un des plus anciens occultistes contemporains est Avicenne médecin et philosophe Hermétiste ; on ignore la date précise de l'époque où il vécut les uns le font vivre au X$^e$ siècle (980 ap. J.-C.) d'autres au XI$^e$ et même au XII$^e$ siècle ; il serait né près de Chiraz en Perse, son véritable nom est Abou-Aly-Hoceyn.

Au XIII$^e$ Siècle, nous trouvons Arislaüs ou Arislas, Albert-le-Grand, plus tard Kunrath, Albumazar, Raymond Lulle, H.-C. Agrippa, Nicolas Flamel, Paracelse, Roger Bacon, Léon III auteur de l'Enchiridion, Arthéphius, d'Espagnet (spes mea in agno ), Cagliostro, Saint-Germain, Martinez Pascaly, Cl. de-Saint-Martin, le Ph. Inc. Willermooz Reichembach, Mesmer, Lucas, Hœné Wronski, Fabre d'Olivet, Eliphas Lévy, du Potet, Allan Kardec, Dramard. H.P. Blavatsky, co-fondatrice avec le colonel Olcott, de la Société théosophique, Annie Besant, Gaboriau, Leadbeater, Karl du Prel, Franz Hartman, René Caillé, Eugène Nus, Bonnemère, Wiliam Crookes, de Rochas, H. Baraduc, Papus, Sédir, Barlet, Lejay, Jolivet-Castelot, Decrespe, le Sar Péladan, Stanislas de Guaïta, Marc-Haven,

Strindberg, enfin toute l'École contemporaine moderne, car nous ne pouvons mentionner ici tous les noms des occultistes encore vivants ou décédés depuis quelques années.

Ce sont tous ces Occultistes, auxquels, on est redevable du mouvement qui a pris naissance à la suite des publications d'Allan Kardec, principalement de sa REVUE SPIRITE.

Mais il fallut de longues années (environ 50 à 60 ans) pour que les spirites Kardecistes pussent arriver à fournir des preuves sérieuses aux Incrédules, des preuves palpables, qui permissent d'ajouter foi à tous les faits spiritiques annoncés. Et ce n'est guère qu'à l'aide de médiums exercés et de savants, étrangers au spiritisme, que celui-ci a pu sortir des sentiers battus et qu'on a pu démontrer les côtés scientifiques immédiatement en corrélation avec la doctrine spirite. Ceux qui les premiers ont poussé au mouvement scientifique sont le D$^r$ Gibier, A. de Rochas, D$^{rs}$ Dariex et H. Baraduc, Iodko, Eugène Nus, Aksakoff, de Bodisco, et tuti quanti. – Après ces divers occultistes, il y a lieu de donner une mention spéciale à P.G. Leymarie et aux médiums qui ont servi aux expériences, et sans le concours desquels, on ne serait pas arrivé à grand-chose. Mentionnons tout d'abord les D$^{lles}$ Fox (Américaines) D.D. Home, Eglington, Slade (Anglais) Eusapia Paladino, Willams, Anna Rothe, Rodière, Bally, etc., etc., la nomenclature des médiums bons ou médiocres serait fort longue ; enfin les magnétiseurs et les hypnotiseurs contemporains, les professionnels pourrions-nous dire, les Deleuse, les Du Potet, les Donato, les Hansen, les Pickman, les Cumberland, les Ninoff, ont également contribué au mouvement occultique, qui a été admirablement exposé par des écrivains de grande valeur et parmi lesquels se trouvaient des spirites, des théosophes, des occultistes, des kabbalistes et des orientalistes, tous ces auteurs par leurs travaux, même par ceux contraires à l'occultisme, ont tous contribué au grand mouvement occulte auquel nous assistons aujourd'hui.

Parmi les médecins qui se sont particulièrement occupés de la question, nous devons mentionner Durand de Gros, Azam, Liébault, Luys,

Baréty, Richet, Chazarain, Gilles de la Tourette, H. Baraduc, Encausse, (Papus) etc.

Après les médecins, nous devons, mentionner un écrivain de génie Balzac qui a beaucoup écrit sur l'occultisme ; son œuvre est même en grande partie occultique : nous mentionnerons plus particulièrement Séraphita, Louis Lambert, la Peau de chagrin. Dans Ursule Mirouet la conversion du D$^r$ Minoret, est due grâce à la double vue, somnambulique ; dans le cousin Pons, un chapitre entier roule sur les Sciences Occultes.

Madame de Surville, nièce de Balzac, nous apprend que le père de l'écrivain était un vieil original bien digne de figurer parmi les personnages des contes fantastiques d'Hoffmann ; quant à la mère du grand écrivain elle « était ardente au merveilleux » et c'est elle qui aurait fourni à son fils la plus grande partie des matériaux de Séraphita.

H. de Balzac n'était pas à proprement parler un Initié et cependant, il a été un précurseur de l'occultisme contemporain, il eût le don du merveilleux, il fut visionnaire, prophète, suggestionneur. Il s'autosuggestionna lui-même au point de croire réel les mirages que créait son imagination. Ses amis Gérard de Nerval et Champfleury nous ont appris que sa villa des Jardies était littéralement tapissée de ses mirages qu'il avait su rendre objectifs dans son esprit, et quand il écrivait sur les murs nus de sa bibliothèque ou de son salon : Ici un tableau du divin Raphaël ; ici une magnifique tenture des Gobelins, il voyait réellement le tableau de Raphaël et la tapisserie.

Presque tout le monde connaît, d'après le récit de Gozlan, l'histoire de son thé et de l'anneau du prophète.

Chaque tasse qu'il offrait était accompagnée de l'histoire de ce fameux thé d'or que le soleil ne parfumait que pour le grand empereur de la Chine ; il ajoutait que les mandarins de première classe étaient seuls chargés de l'arrosage de la célèbre plante dont des jeunes vierges allaient cueillir la fine feuille avant le lever du jour, en s'accompagnant de chants rythmiques. Il disait à ses invités qu'il tenait ce thé par l'intermédiaire d'un ambassadeur qui le recevait de l'empereur de Russie, qui le recevait lui, directement des fils du ciel, à l'aide des caravanes. Puis venait la narration des aventures de la caravane, presque toujours attaquée par les Tartares et le massacre était si considérable, que les chameaux porteurs avaient du sang plein les jambes. Si l'on prenait trois fois de suite de ce thé on devenait borgne ; mais comme le thé était bon, le peintre Laurent-Jan, un familier de la maison, tendait sa tasse en disant : « Tant pis, je risque un œil. »

C'est à ce même peintre que le grand illuminé joua un tour pendable ; au milieu d'une nuit d'hiver, Balzac va frapper à tour de bras à la porte de Laurent-Jan en lui criant : « Lèves-toi, lèves-toi, vite ; nous sommes riches enfin ; nous allons partir dare dare pour l'empire du grand Mogol.

Et-tu fou ou bien est-ce un rêve dit le peintre en se frottant les yeux, que me racontes-tu ?

Balzac prit alors cérémonieusement son ami par le bras et le conduisant à la lampe, il lui dit avec un air de mystère :

« Regarde cette bague.

« Eh bien, c'est du chrysocale ; elle vaut bien quarante sous…

« Malheureux… ignorant.

« Mettons trois francs et n'en parlons plus !…

« Tais-toi, je t'en prie… cette bague, m'a été donnée par le grand historien, M. de Hammer, et en me la remettant il me dit en souriant finement : « Un jour vous apprécierez l'importance du cadeau que je vous fais. »

Sur le moment je ne fis pas attention à ces paroles ; mais depuis, j'ai appris à la soirée de l'ambassade ottomane, que des caractères gravés sur ma turquoise, il résulte que j'ai la bague du prophète, de Mahomet. Cette bague fut volée par les Anglais, au Grand Mogol, puis vendue à un prince d'Allemagne, qui la donna à un de ses amis qui en fit cadeau à Hammer. Ce qu'elle vaut cette bague des tonnes d'or ; allons habilles-toi je… viens te prendre, nous allons partir pour la Cour du Grand Mogol…

Nous terminerons ces quelques lignes sur le grand écrivain en donnant une page du Cousin Pons : « On ne se figure pas ce que sont les tireuses de cartes pour les classes inférieures parisiennes, ni l'influence immense qu'elles exercent sur les décisions des personnes sans instruction ; car les cuisinières, les portières, les femmes entretenues, les ouvriers, tous ceux qui, dans Paris vivent d'espérance, consultent les êtres privilégiés qui possèdent l'étrange et inexpliqué pouvoir de lire dans l'avenir. La croyance aux Sciences Occultes est bien plus répandue que ne se l'imaginent les savants, les avocats, les notaires, les médecins, les magistrats et les philosophes.

« Le peuple a des instincts indélébiles. Parmi ces instincts, celui qu'on nomme si sottement superstition est aussi bien dans le sang du peuple que dans l'esprit des gens supérieurs. Plus d'un homme d'État consulte à Paris les tireuses de cartes. »

Suit une apologie curieuse de l'astrologie judiciaire que nous aurions voulu reproduire mais il faut savoir se borner ; enfin, l'occultiste nous fait cette prédiction, à demi-réalisée :

« Aujourd'hui, tant de faits avérés, authentiques, sont issus des sciences occultes, qu'un jour ces sciences seront professées comme on professe la chimie et l'astronomie. »

Voilà ce qu'écrivait Balzac il y a plus de 50 ans et si les sciences occultes ne sont pas encore enseignées dans les facultés officielles, elles le sont dans des Écoles libres, et par toute une littérature spéciale comme nous le verrons dans le prochain chapitre.

Pendant qu'une grande évolution de l'Occultisme s'accomplissait en Europe, en Amérique et aux Indes, H.P.B. poursuivait son œuvre théosophique et depuis le mouvement occultique n'a cessé de rayonner et de s'étendre sur le monde entier, H.P.B. a été secondée dans son œuvre par un apôtre dévoué le colonel Olcott, puis par Annie Besant qui a reçu des mains mourantes de H.P.B. l'oriflamme de la Théosophie qu'elle a transporté dans tous les milieux où la théosophie peut rencontrer des adhérents.

Le mouvement Théosophique est si considérable, que même à Nice, la ville mondaine par excellence, il a pu se former un groupe important de théosophes, de sorte qu'on peut dire que le mouvement occultique contemporain est un très bon pronostic pour l'avenir, d'autant que ce mouvement est aussi philosophique et spiritualiste, négateur par conséquent l'athéisme néantiste et qu'il proclame aussi qu'il n'y a pas de religion plus élevée que la Vérité !...

De sorte que même au point de vue religieux il détruit toutes ces idées de Paradis et d'Enfer éternels, ainsi que le Diabolisme et le Satanisme si en honneur à notre époque et que les membres des divers clergés voudraient faire confondre avec l'Occultisme qui en est au contraire tout l'opposé. Il n'y a guère que le Fanatisme et la superstition, qui puissent ajouter foi au Diable, à ce personnage, dont on a si fort abusé à la fin du XIX$^e$ siècle, et qui justifie bien le reproche formulé par Gorres dans sa Mystique [1]

« Lorsqu'une époque, dit cet auteur, ou une société, s'est fait des notions justes sur l'essence de la sainteté d'un côté, et de la possession de l'autre ainsi que des symptômes extraordinaires par lesquels l'une et l'autre se manifestent ; lorsqu'elle reconnaît dans la première le doigt de Dieu, qui élève ses élus dans la sphère supérieure à leur nature, et dans la seconde l'œuvre du démon, qui s'efforce de faire descendre au-dessous de soi-même l'homme qui lui a été livré, elle peut se tromper de deux manières, ou en accordant au démon une trop grande part dans les choses humaines ou en rétrécissant outre mesure le cercle de son activité. Dans le premier cas, elle voit le démon partout, lui attribue tous les maux physiques et se le représente comme gouvernant en maître le monde. Dans le second cas, elle méconnaît son action, là même où elle est la plus sensible, attribuant à la nature, à l'imagination, au tempérament, les Phénomènes qu'elle ne peut s'expliquer, jusqu'à ce qu'elle vienne enfin mettre en doute l'existence même des mauvais esprits.

Les siècles passés sont tombés dans le premier de ces extrêmes, surtout en ce qui concerne la Sorcellerie... La première de ces erreurs semble démoniser , si je puis m'exprimer ainsi, le domaine entier des choses terrestres ou regarder du moins les espaces inférieurs de la création comme des vestibules de l'Enfer. Elle prend pour des possessions toutes les maladies naturelles, dégrade et abaisse l'Église, fait douter des choses les plus saintes et a souvent pour dernière conséquence, le culte formel du mauvais principe. »

Comme on voit, ces lignes semblent absolument écrites pour l'heure actuelle ou pour la Société actuelle , comme le dit l'écrivain catholique.

Il ne faut donc pas confondre deux choses absolument différentes car le Sanatisme et l'Occultisme sont deux pôles absolument opposés ; le négatif et le positif, l'un est le noir, l'autre le blanc ; l'un est la superstition et l'ignorance, l'autre la raison et la science.

On voit donc que c'est bien à tort que certaines gens cherchent à faire confondre ces deux termes ; ces gens, ces sectaires sont-ils de bonne foi dans leur confusion ? Nullement, mais devant le mouvement de l'occultisme scientifique, qui commence à marcher à pas de géant, ces insensés se figurent avec des articles absurdes des brochures ou des livres enrayer le mouvement en avant.

Insensés qui se figurent pouvoir arrêter avec un léger barrage la grosse et forte muraille d'eau d'une trombe qui s'écroule dans la plaine.

Malheureusement les publications malsaines sont écoutées et cela est d'autant plus fâcheux que dans notre pays, le Fanatisme religieux pousse les niasses populaires vers le matérialisme, n'en retenant qu'une bien faible partie dans une superstition plus déplorable certainement que le matérialisme au point de vue de l'Évolution humaine.

En effet, un matérialiste sincère et convaincu, ami du progrès et ennemi des préjugés, deviendra spiritualiste, le jour où il étudiera scientifiquement l'Occultisme, c'est-à-dire la question de l'Au-Delà et le Psychisme ; tandis qu'il n'y a rien, absolument rien à espérer d'une âme superstitieuse ou de celle d'un fanatique plus ou moins endurci, en un mot, de ces gens qui croient quand même , quoique ce qu'on leur enseigne soit parfaitement absurde ; Credo, quia absurdum .

Combien il faut avoir l'esprit faible pour croire aux absurdités débitées par les Sacerdotes des Religions diverses.

L'Occultisme lui, ne peut hanter des cerveaux faibles ou ignorants ; quant aux esprits forts qui s'en occupent, ils n'ont jamais prétendu se passer du salutaire appui des croyances religieuses ; ils ne s'en préoccupent point, laissant à tous et à chacun, leur liberté de conscience.

Ce que les Occultistes ont voulu, veulent et voudront, c'est affranchir les masses des superstitions religieuses et du joug de ceux qui veulent sous prétexte de religion, exploiter le peuple, lui soutirer son pauvre pécule, afin de grossir de riches prébendes et des caisses qui servent à retarder la marche de l'humanité vers le progrès, vers le bien vers l'altruisme et la solidarité, en un mot vers son but final.

Il existe bien de nombreux Journaux et Revues consacrés aux études psychiques et aux recherches de l'au-delà , mais toutes ou presque toutes ces publications en France, végètent plus ou moins, écrasées qu'elles sont par les bons journaux dirigés par ces Messieurs de Loyola.

Toutes les Croix et les Semaines religieuses sont imposées comme abonnement, aux familles, aux amis et alliés et jusqu'aux pauvres prêtres et cures de campagne, car on dit à toute cette clientèle, il faut soutenir ces publications, qui, elles, soutiennent le bon combat ; et voilà pourquoi l'Occultisme a fait si peu de progrès de nos jours.

Nous dirons donc aux occultistes en général : déjouez les projets perfides des publications soi-disant religieuses, des publications qui divisent l'humanité, de toutes ces œuvres Sataniques, qui ne veulent qu'entraver la marche en avant de l'humanité vers la lumière, et tenez haut et ferme le Drapeau de l'Occultisme c'est-à-dire de la VÉRITÉ INTÉGRALE ; et nous terminerons ce chapitre par ces paroles que le colonel Olcott a prononcées à l'Assemblée générale de la vingtième année de la société Théosophique [2] :

« …. Il faut espérer que la diffusion de la Connaissance continuera à s'accomplir ; que les facettes du prisme au travers duquel se réfracte le rayon tendront à se rapprocher pour atténuer les divergences et harmoniser l'ensemble. Cette matière refringente est celle de notre matérialité qui produit l'illusion de la séparativité, si contraire à la réalisation de l'Unité. Travaillons donc à affiner cette matière ; faisons reconnaître cette unité spirituelle d'où la fraternité humaine, avec son absence de guerre, de divisions et de peines ressortira aussi naturellement que la chaleur du foyer se répand, dès que l'écran qui le cache a été enlevé. »

Voilà le beau programme que doivent adopter, tous ceux qui ont à cœur de voir progresser l'Occultisme, la Théosophie et les sciences qui doivent amener l'évolution de l'homme et lui permettre de se perfectionner de plus en plus, selon la loi Naturelle du Progrès.

---

1  3ᵉ Partie, MYSTIQUE DIABOLIQUE, chap. XXXI, pages 484 et 485.
2  IN LOTUS BLEU, page 43, 27 mars 1896.

# Chapitre XII

# De la littérature occultique contemporaine. – Son importance

Dans le présent chapitre, nous ne nous occuperons pas des Journaux et Revues occultiques, encore peu nombreux en France relativement, et surtout n'ayant pas le nombre d'abonnés considérable, qu'ils ont dans d'autres pays : en Angleterre, en Allemagne et surtout en Amérique.

Nous ne voulons parler ici que du roman Ésotérique contemporain embrassant les Romans occultiques, magiques, mystiques, spiritiques, en un mot de Littérature Occultique : de cette curieuse spécialité débutant dans notre pays par les romans philosophiques de Balzac, se poursuivant bien avec Gustave Flaubert, mais qui s'est arrêtée tout à coup après cet auteur, malgré quelques essais postérieurs, essais, du reste, fort timides.

Le public français, a-t-on dit, n'aime guère, pas du tout même, le genre. Le Français Frivole n'est pas assez Tudesque pour offrir à certaines affinités, à des affinités électives , au cas où il s'en produirait en France (car il n'y en a pas dit-on actuellement) un accueil si enthousiaste, qui a été fait, par exemple, en Allemagne à l'Œuvre de Goethe.

Nous pensons, nous, que le public si intelligent de France n'a pas besoin de se Germaniser, de se Teutoniser pour aimer et prendre goût à cette néolittérature, qui présente un très grand attrait, le plus grand de tous, puisqu'elle comporte l'affabulation du Roman ordinaire et qu'en plus de celui-ci, elle initie le lecteur, et cela sans fatigue, à la haute philosophie, que contient, que doit contenir le véritable Roman Occultique ; ce qui permet de lire et relire un volume, car chaque fois, il y a quelque chose de nouveau à apprendre, ou à glaner.

Mais voici ce qu'a contre lui, ce genre de roman, si éminemment intéressant, si instructif et si salutaire à l'esprit, au cœur et à l'âme, partant au corps physique même. Il a contre lui que depuis 30 à 40 ans, notre beau pays de France a perdu le goût de la belle et saine littérature, de l'Œuvre d'art écrite , parce que des romanciers assoiffés d'argent ont voulu, quand même, battre monnaie avec leur plume, et pour arriver à leur but n'ont dès lors produit que le Roman pornographique , le Roman Sadique même, Contre lequel rien ne saurait victorieusement lutter dans une civilisation aussi faisandée , qu'est la nôtre.

La pléiade des littérateurs de l'Époque romantique a eu dans son temps de grands et de mérités succès, ces écrivains bien au-dessus de nos tout contemporains Romanciers, et qui se nommaient H. de Balzac [1], Stendhal, Gérard de Nerval, Victor-Hugo, Alfred de Musset, Georges Sand, et Théophile Gautier, cette brillante pléiade vivrait aujourd'hui, que malgré le nombre toujours croissant de lecteurs, leurs ouvrages n'auraient pas, tant s'en faut, le succès si légitime qu'ils ont obtenu de 1835 à 1850.

C'est à cette dernière date funeste, qu'est survenue la débâcle de la bonne, saine, poétique et brillante littérature, de celle qui moralise en instruisant, de celle qui laisse dans l'esprit du lecteur des idées, des motifs, des faits qui lui donnent à réfléchir.

Enfin, à partir de 1851 ou 1852, le roman, le théâtre, le café concert (l'immonde beuglant comme on le dénomme vulgairement, le café-concert surtout, achèvent de pourrir (le moi n'est pas trop fort) le lecteur contemporain et voilà bientôt un demi-siècle que la majorité des Français ne lit que de la Pornographie. Aussi les rares écrivains contemporains qui produisent des œuvres saines et morales, des œuvres vraiment artistiques n'ont qu'un nombre restreint de lecteurs ; de là, les malheurs qu'a déjà éprouvés notre malheureux pays et ceux plus nombreux et plus terribles encore qui le menacent.

Quel remède à opposer à l'état actuel des choses : RÉAGIR, ne pas se décourager, semer le bon grain ; il lèvera tôt ou tard et produira une belle et riche moisson ; nous ne serons peut-être pas là pour la récolter, mais peu importe, puisque nous aurons toujours été utiles, puisque nous aurons rempli notre mission suivant nos moyens :

C'est pourquoi nous conjurons tous nos Frères Spiritualistes, à quelque École qu'ils appartiennent, à répandre et à propager les bons livres, tous ceux qui font penser à l'Au-delà et à ne point se décourager. Les efforts individuels, les unités finissent par former des séries : dizaines d'abord, centaines, puis milliers, enfin millions. Il ne faut donc pas songer à arriver aux séries élevées, sans avoir au préalable passé par les plus faibles. – Et c'est pour arriver à fournir notre contingent, que nous allons donner ici, une nomenclature succincte des romans occultiques dont nous conseillons la lecture à tous les Spiritualistes, en les engageant à ne jamais encourager d'aucune façon, directement ou indirectement, la littérature matérialiste et pornographique, la littérature néantiste.

Nous voudrions même voir se former une Ligue pour la propagation des livres spiritualistes, qui ne comprendraient que des ouvrages qui traitent du Spiritualisme et cela en dehors de toute propagande religieuse quelconque ; car les Religions (le fait n'est plus à démontrer) ont été la cause de la destruction d'une grande partie de l'humanité ; aucune guerre, aucun fléau n'ont fait couler autant de sang que les guerres religieuses que d'aucun voudraient réveiller en France.

---

1 Voir dans le chapitre précédent ce que nous avons dit de Balzac de la page 222 à 227.

# Bibliographie des romans occultiques

## LITTÉRATURE FRANÇAISE

1. ADAM (Paul). – Être, in-18, Paris, Librairie illustrée.

L'action de ce roman de l'École Symbolique se déroule au beau temps de la Chrétienté Seigneuriale pendant le Moyen-âge ; mais sous l'Exotérisme chrétien, on voit luire à chaque ligne presque, l'Ésotérisme éternel ; ainsi la fin du chapitre du début se termine par les lignes suivantes :

« L'adoration prosterna les diacres et l'abbé Suzerain au seuil du tabernacle où culminait la croix, le quadruple signe sacré, la clef de voûte du temple de Salomon, le très ancien emblème éternellement rédempteur d'Osiris. »

Mahaud fille de Mage est elle-même magicienne et sa curiosité pour un inférieur intellectuel amène sa mort et celle de son père ; définitivement elle est meurtrière de son mari, parricide et infanticide ; aussi aboutit-elle à la Magie noire avec son Sabbat ; enfin elle meurt sur le fagot, sur le bûcher. – Cet ouvrage est merveilleusement écrit.

2. DU MÊME.– L'Essence de Soleil, in-18, Paris, 1889.

Roman qui démontre les aspirations du Sémitisme que l'auteur personnifie en un caractère de Mage Moderne , triomphant par l'Occulte autant que par la puissance de l'or.

ALEXANDRE DUMAS ; voyez DUMAS.

3. AUGUSTIN-THIERRY (G). – Tresse blonde, in-12 1880, Paris. Libraire Moderne.

Ce roman a d'abord paru dans la Revue des Deux mondes , comme nous l'apprend l'auteur qui ajoute : il est comme son aîné « le Palimpseste » une tentative nouvelle.

Ce roman occultique roule sur la suggestion mentale ; pour rendre hommage à la vérité nous devons dire que la donnée scientifique nous paraît faussée, partant obscure.

4. DU MÊME. Marfa (Le Palimpseste), in-18, Paris 1888.

5. BALZAC (Honoré de). – Séraphita, in-12 et in-8 Éditions diverses et prix divers.

6. DU MÊME.– Louis Lambert, éditions diverses.

7. DU MÊME.– Ursule Mirouet, Éditions diverses.

Les romans de l'illustre écrivain génial sont trop connus pour qu'il soit nécessaire d'en parler ; nous ajouterons que, dans les Études philosophiques du grand écrivain, le lecteur trouvera aussi beaucoup d'occultisme.

8. BONNEMÈRE (Eugène). – Le roman de l'avenir, in-12, Paris, 1885.

9. – DU MÊME.– Les Déclassés, in-12, Paris, 1885.

Ces romans de l'auteur de l'Histoire des paysans plutôt spiritiques, sont surtout Intéressants par les idées et pensées philosophiques qu'ils renferment.

10. BOURDIN (M$^{me}$ Antoinette). – Les deux sœurs. Histoire de deux jeunes filles médiums écrivains in-12, Paris, 1876.

11. DU MÊME.– Entre deux globes. in-12, Paris, 1876.

Ces romans sont spiritiques, l'auteur était un médium au verre d'eau, très remarquable.

12. BORDELON (l'abbé). L'Histoire des Imaginations extravagantes de M. Oufle, causées par la lecture des livres qui traitent de magie, de grimoires, des démoniaques, sorciers, loups-garous, incubes, succubes, du Sabbat, ogres, esprits follets, génies, fantômes et autres revenants ; des songes, de la pierre philosophale, de l'astrologie, des horoscopes, talismans judiciaires, jours heureux et malheureux, éclipses, comètes et almanachs, enfin de toutes sortes d'apparitions et de divinations, de sortilèges,

d'enchantements et autres superstitieuses pratiques, etc., etc. – 2 vol. in-12, Paris chez Prault, 1753 avec figures.

« Inutile de dire que tout ce que ce livre contient est faux d'un bout à l'autre que cette sorte d'Encyclopédie sur l'occulté n'est qu'un tissu de fables ramassées un peu partout et à tort et à travers pour dénigrer l'occultisme.

13. BULWER LYTTON (Edward), [1] – Zanoni, ouvrage traduit de l'anglais par P. Lorrain, 2 Vol-in-12, Paris.

Ouvrage occultique empreint du plus pur ésotérisme, véritable chef-d'œuvre de clarté et de science occulte, aussi présente-t-il un intérêt considérable ; il a eu en France plusieurs éditions.

14. DU MÊME.– Mémoires de Pisistrate Caxton, traduit de l'anglais par Edouard Scheffter, 2 vol. in-12, Paris 1864.

Ouvrage bien moins intéressant que le précédent et de beaucoup plus faible, au point de vue occultique.

15. DU MÊME.– Les derniers jours, de Pompéï, traduit de l'anglais ; in-12, Paris,

Ouvrage bien écrit, très intéressant, bien pensé et remarquable sous tous les rapports.

16. DU MÊME.– La Race Future, traduit de l'anglais, in-18, Jésus, Paris 1887

En général, les romans du célèbre auteur anglais résument toujours des données sur la Science Occulte et sont à la portée de toutes les intelligences. – Dans la Race Future , l'auteur montre l'humanité arrivée au Summun de la connaissance, de là des données fort curieuses, prophétiques peut-être.

17. DU MÊME.– La maison hantée, traduit de l'Anglais, in-12, Londres 1885. – Édition de l'Initiation.

Le titre de l'ouvrage indique suffisamment sur quoi roule l'affabulation de cet opuscule charmant.

18. – BUSSY (G.) et LÈBRE (G.) Le Mahatma, in-12, Paris, S.D. Roman Magique.

19. CAZOTTE.– Le Diable amoureux, in-18, Jésus, Paris.

Cet ouvrage a eu de nombreuses éditions dont plusieurs illustrées.

20. DU MÊME.– Le Démon marié par Machiavel ; Histoire merveilleuse de Pierre Schemill de Chamisso, in-18, Paris.

21. CAMILLE CHAIGNEAU.– Les Chrysanthèmes de Marie. gr. in-8 Jésus, Paris, 1876.

Prose et vers spiritiques d'une belle philosophie.

22. Christian (P). – La Reine Zinzarah ; comment ont devient sorcière in-12, à la Revue LA LUMIÈRE, S.D . (1894).

23. CHADOURNE (A). – Belzebutha, in-12, Paris 1892.

24. DARCAVAL (Jor). – Le Fantôme des Landes, suivi du Dragon rouge, in-12, Paris, 1889.

25. DU MÊME.– J. Zida, la Savante et le grimoire du vieil Hermès, in-12, Paris, 1889.

26. DIETSCHINE (lv.). – Astra, les Joies du crime ; résurrection divine, in-12, Paris.

Nouvelle occultique.

27. DUMAS (Alexandre). – Mine Chamblay, 2 vol. in-12.

Cet ouvrage affirme, le principe de la Clairevue ou Clairvoyance, il a eu de nombreuses éditions chez des éditeurs divers.

28. DU MÊME.– Joseph Balsamo. – Même observation que pour le numéro ci-dessus.

28 bis, ESQUIROS, (Alphonse). – Le Magicien. Ce livre qui vise à traiter de l'occulte n'est nullement un roman occultique. C'est une suite de faits réels plus ou moins baroques, dont quelques-uns peuvent être vrais, mais fort mal interprétés et traduits. Le titre promet donc beaucoup plus que le livre. C'est du reste une œuvre de jeunesse de l'auteur ; elle a été

écrite vers 1836 ou 1837, il y a donc 66 ans, c'est-à-dire à une époque où on ne voulait pas admettre le magnétisme dont l'auteur se fait le champion ; c'est là, le vrai mérite de l'œuvre.

À diverses reprises, Esquiros dit à ses lecteurs qu'il a lui-même contrôlé les effets du magnétisme et qu'il peut dès lors les garantir comme vrais. L'œuvre narre une histoire très décousue et dépourvue de vraisemblance, celle d'un homme plutôt fou que magicien ; l'action se déroule vers la fin du règne de Charles IX, et se passe en grande partie à la Cour de ce Roi.

Notre pseudo-magicien pratique des opérations d'envoûtement, avec la Reine-mère.

L'auteur a jeté pêle-mêle dans son ouvrage, tout ce qu'il avait dû lire dans de vieux bouquins mal faits sur la magie et l'occultisme.

Il a surtout mal exposé et dans un cadre fâcheux, sans aucune espèce d'ordre et de méthode des faits réels dans un récit sans suite.

En somme, le Magicien n'est qu'un essai malheureux de roman occultique.

29. FAVRE (D$^r$ Louis). – Batailles du ciel, manuscrit d'un vieux Celte ; 2 vol. in-8, Paris, 1892.

Roman philosophique et occultique mais, d'un occultisme un peu nuageux et plutôt sentimental que vrai.

30. GALLUS (M. ) – Les soirées du D$^r$ Justiniani. Le château de Rutler, le Baron de la Rose-Croix ; le Chapelet Rouge, in-12, Paris, 1852.

31. GAUTIER (Théophile). – Spirite, in-12, 1896.

32. DU MÊME.– Avatar, in-12, Paris Dentu, 1875.

33. GÉRARD DE NERVAL.– Le rêve et la vie : Aurélia, in-12, Paris, 1853.

34. DU MÊME.– Les Illuminés, in-12, 1853.

Ces romans occultiques ont paru dès 1852 et 1853 dans des revues et en volumes dans des éditions diverses.

35. GIRAUD ET MONTIÈRE.– Les mirifiques Innovations du très ingénieux Sélectin, in-18 ; Paris, 1886, 2ᵉ édition, Paris, 1889.

Est-ce bien un roman occultique que celui-ci, utopique plutôt ; mais comme il renferme beaucoup de philosophie et même d'occultisme, cette œuvre doit figurer dans notre bibliographie. – Le bouillant Sélectin, flanqué de Cerière le timide, renverse un beau matin toutes les gênes sociales qui entravent ses originales conceptions, superbes et grandes filles des plus émancipées du positivisme le plus radical qu'il soit. – Il y a dans cette œuvre, une union libre qui donne lieu à des applications de callipédie moderniste et quelque peu dogmatique, ce qui permet à Sélectin de fonder un Féministère , qui du reste finit par admirablement… péricliter, mais il n'y arrive pas subito ; il passe au contraire par des péripéties qui seraient trop longues à narrer, car il y faudrait consacrer beaucoup de pages. – Ajoutons cependant qu'il y a dans cette œuvre des problèmes philosophiques tris élevés parfois et que, finalement, la vision d'agonie du héros frappé à mort, nous montre un tableau d'un mysticisme vraiment transcendant qui rappelle celui qu'on rencontre çà et là dans les romans de J.K. Huysmans.

35 bis. GRANDMOUGIN (Charles). – Medjour, br. in-18 jésus, Paris, 1895.

36. GRENDEL (Paul). – Elfa, roman d'une libre-penseuse, aperçus philosophiques intéressants et instructifs, in-12, Paris, 1880.

37. DU MÊME.– Blidie, roman philosophique, in-12, Paris, 1881.

38. DU MÊME.– La famille Desquiens, étude de mœurs de province, in-12, Lille, 1882.

39. DU MÊME.– Une heure d'oubli, in-12, Lille, 1891.

40. DU MÊME.– Le roman d'une libre-penseuse, Paris, 1897, in-32.

40. bis. DU MÊME.– idées Saugrenues d'une vieillie tâte ; Paris.

40 ter. DU MÊME.– Le roman d'une fille du peuple, in-32, Paris.

40 quater. DU MÊME.– Fée Mab. in-8° Paris.

41. GRIMARD (Ed). –La famille Hernadec de cet auteur est un roman spirite matiné de Théosophie. La structure du roman est fort simple, on voit bien qu'elle est destinée à servir de cadre à l'exposé d'une doctrine fortement imprégnée d'Hindouisme, mais d'un hindouisme tout particulier. En somme ce petit roman voudrait relier le Spiritisme et la Théosophie, chose qui nous paraît bien difficile si non tout à fait impossible.

42. GUY DE MAUPASSANT.– Le Horla, in-12, Paris, 1888.

Charmante nouvelle pleine de verve et d'intuition, l'auteur se croit poursuivi par une larve, par une mauvaise Entité Astrale. De là des péripéties fort curieuses et fort drôlatiques. Puis il se figure pouvoir enfermer ce mauvais esprit qui le poursuit dans une pièce de sa maison, il fait mettre des persiennes en fer, des portes infrangibles, et quand il croit tenir son Horla, met le feu à sa maison pour détruire cette larve qui le poursuit partout et dont il veut se défaire à tout prix.

Malheureusement, l'acteur de la scène ignore que ce genre d'entité peut passer à travers les corps les plus denses, donc, il peut fuir hors des locaux où on l'enferme : de sorte que c'est en pure perte que la maison est incendiée. Dans cette nouvelle bien des amis de l'auteur, on crut lire des pressentiments qui ont précédé la folie du charmant et regrettable écrivain.

43. Hennique (Léon). – Un Caractère in-12, Paris, 1878.

44. Huysmans (J.K.). – En route, in-12, Paris, Tresse et Stock, 1890.

45. DU MÊME.– Là-bas, in-12, Paris, 1891.

46. DU MÊME.– La Cathédrale, in-12, Paris 1898.

Ces romans occultiques et mystiques sont aussi réalistes. Là-bas , traite du Satanisme moderne. – En général l'œuvre de cet écrivain est forte, bien écrite, très intéressante et bien que le mysticisme y soit transcendant, l'œuvre est réellement scientifique, malheureusement parfois pornographique.

47. JOLLIVET CASTELLOT.– Le Livre du trépas et de la Renaissance.

(En préparation.)

48. KOLBACH.– Le Sang, roman magique, in-12, Paris, 1888.

49. LERMINA (Jules). – La Magicienne in-18, Paris, 1890.

50. DU MÊME.– Élixir de vie ; nouvelle occultique, in-8° Paris, 1891.

51. DU MÊME.– Page à brûler, conte astral ; in-8°, Paris, 1890.

52. DU MÊME.– Nouvelles histoires incroyables, in-12, Paris, 1888.

Tous ces ouvrages du brillant écrivain sont extrêmement intéressants, bien écrits et tout l'occultisme qu'ils renferment est absolument vrai, le lecteur occultiste peut donc lire cet auteur avec la plus entière confiance.

53. M$^{es}$ Officier en non activité . – Ce que c'est que le Magnétisme ou le magnétisme en défaut. – Nouvelle dédiée aux Dames de Rennes ; in-8°. de 42 p. Rennes, Duchêne, Paris Béchet.

Cette nouvelle occultique porte comme épigraphe les vers suivants :

> Je parle sans aigreur, je parle avec franchise
> L'amour de mon prochain, lui seul me magnétise.
> Il m'inspire, il m'anime à dévoiler l'erreur,
> À montrer le poison dérobé sous la fleur ?

Heureusement pour l'auteur et surtout pour le lecteur que sa prose est préférable à ses vers.

54. M. A.B. Voyage en Astral ou vingt nuits consécutives de dégagement conscient ; in-12 de 350 pages avec Frontispice, Paris, 1896.

Beau roman occultique très littéraire, au milieu duquel évoluent plus de 50 acteurs. – Cette œuvre, bien qu'empreinte d'une grande et vive imagination, ne raconte que ce qui se passe réellement dans l'Astral, c'est-à-dire dans la première sphère ou Plan de ce qu'on nomme vulgairement « l'Au-delà ».

55. DU MÊME.– Nouvelles Ésotériques in-18 de xiv-349 pages, Paris, 1897.

Ce charmant volume renferme cinq nouvelles précédées d'une préface de J.M. de Vèze ; ce sont plutôt de petits romans bien écrits et absolument occultiques : Le sacrilège ; le Drapeau hoir ; l'Ombrelle verte ou la JETTATURA ; la Roche du Maure ou ta Roche-Vidal.

56. DU MÊME.– L'Envoûtement, avec préface notes et postface de J. Marcus de Vèze, in-12, de XVI-333 pages, Paris, 1898.

Cet ouvrage dit tout ce qu'il faut croire sur l'Envoûtement, qui est un fait très réel, comme le prouve dans une remarquable préface J. Marcus de Vèze. – Quant à l'affabulation du roman, elle est extrêmement intéressante, curieuse et vécue comme tout ce qui sort de la plume du fécond écrivain.

57. DU MÊME.– Romans Ésotériques in-12 de XVI-338 pages, Chamuel, 1898.

Sous ce titre générique sont réunis trois charmants romans pleins de cœur et de sentiment ; Épisode en Égypte, Expiation, Repue Rétrospective (500 ans en arrière) ; Épisode à Jérusalem. – Ce volume, empreint du plus pur occultisme, est présenté au public ésotériste dans une remarquable préface de J. Marçus de Vèze.

58. DU MÊME.– Thomassine. in-12. – Ce volume est la suite de l'Envoûtement ; il fait partie, comme ce dernier, de la série : INFERNAUX et SATHANIQUES, mais l'affabulation des deux romans étant distincte, oh peut les lire, indifféremment l'un ou l'autre, mais si on les lit tous les deux, le lecteur doit commencer par l'Envoûtement.

59. DU MÊME.– La Dentellière du Puy, grand roman occultique a paru en volume et dans la Curiosité la 3$^e$ Édition paraîtra prochainement en un volume in-12.

60. DU MÊME.– La Suggestion mentale ou la Grande Denise, in-18 de 340 pages environ.

Ce roman roule sur la suggestion, on y voit une pauvre fille à la merci d'un médecin qui abuse d'elle d'une façon abominable ; crime trop fréquent à notre époque et toujours plus fréquent qu'on ne croit généralement.

Ce roman ne roule que sur ce sujet et le traite à fond, théoriquement et expérimentalement. Nous ouvrirons ici une parenthèse qui rompra ainsi la monotonie qu'a toujours une nomenclature, et nous dirons que la Suggestion mentale a été à notre époque, l'objet d'études très suivies ; elle a été étudiée, en effet, au triple point de vue scientifique, physiologique et juridique, aussi la suggestion commence à être connue sinon à fond, sous toutes ses faces, tout au moins dans ses grandes lignes.

Les savants et les personnes d'un esprit cultivé, qui se sont adonnés à l'étude de l'hypnose ou hypnotisme, du somnambulisme et de la suggestion, connaissent des états divers, mais qui ne sont pas seulement de trois degrés : superficiels, moyens ou profonds, car l'hypnotisme comporte les états les plus variés, suivant la complexion et l'âge du sujet, suivant aussi les conditions climatériques, etc., etc.

Comme on le voit, la question est fort complexe même pour ceux qui ont fait une étude approfondie de la suggestion ; mais pour le public en général, même pour la masse intellectuelle, l'hypnotisme est encore un fait vague, indéterminé, d'une compréhension difficile, partant inconnu !…

Et cependant quantité de personnes voudraient bien connaître les phénomènes dont il est tant question aujourd'hui, même dans la conversation courante.

C'est pour complaire à ce public, pour l'instruire, pour répondre à ses désirs que M. A.B. a écrit ce nouveau roman. Les lecteurs y verront figurer une jeune fille, un excellent sensitif qui devient un psychomètre remarquable.

Mais qu'est-ce donc qu'un Psychomètre ? se dira le lecteur.

Qu'est-ce donc que la Psychométrie ?

Pour expliquer la valeur exacte de ces termes nous aurons recours à un ouvrage d'une grande utilité pratique, dans lequel nous lisons :

« Le Psychomètre est un moyen de mesurer la valeur de l'âme, de l'intelligence ; tel est le sens générique qui a été défini, pensons-nous, pour la première fois par Bonnet, à l'état de simple question : « le nombre des conséquences justes, dit ce philosophe, que différents esprits tirent du même principe, ne pourrait-il pas servir de fondement à la construction d'un Psychomètre , et ne peut-on pas présumer qu'un jour, on mesurera les esprits (sans jeu de mots) comme on mesure les corps » [2] …

Dans la langue occulte, ce terme est synonyme de Médium , de Clairvoyants c'est-à-dire d'une individualité, qui dégageant de son corps (son double aithérique), peut lire le passé, le présent et l'avenir.

En ce qui concerne la Psychométrie nous dirons que le même ouvrage [3] nous apprend que c'est la sensibilité extrême d'une personne, qui lui permet de se dégager de son corps, c'est à-dire de faite sortir son astral et de voir ou plutôt prévoir les évènements.

Voici la définition que Buchanam donne de cette faculté dans son Manuel de Psychométrie : « La Psychométrie est le développement et l'exercice de facultés divines dans l'homme. Cette sphère inexpliquée de l'intellect qui comprend les réponses oraculaires, analogues aux révélations des somnambules, les prophéties des Saints, les pronostics du Destin, les présages mystérieux, de même que les impressions soudaines qui dirigent la conduite de beaucoup de personnes. »

La Psychométrie est, nous l'affirmons hautement, une science réelle , incontestable, comme a pu s'en convaincre le lecteur par les lignés qui précèdent.

60 bis. Amias Frigoulet 1 vol-in-12. Paris, Chacornac.

61. MAYGRIER (R.). – Les Mystères du magnétisme ; étude contemporaine, in-12. Paris, S.D.

Bonne étude sur les magnétiseurs modernes contemporains, sous forme de roman.

Les procédés de certains charlatans y sont mis à jour et parfaitement exposés.

61 bis DU MÊME.– Les mésaventures d'un spirite. – Dans ce roman, il est surtout question de maison hantée, on y voit aussi un prêtre pratiquer des exorcismes sur un spirite. Il y a des péripéties assez, curieuses ; mais toutes sont tournées contre le Spiritisme. Ce roman est donc anti-Spirite. 1 vol. in-18 de 252 pages, Paris, 1895.

62. MINTUR (William). – Somnambule, in-12, Paris, 1882. Curieux roman occultique.

63. – MENDÈS (Catulle). – Hespérus, nouvelle occultique, in-12, Paris, 1889.

64. MURAT.– Les Lutins du château de Kermosy, in-8°.

65. NIEMIRCICZ (Jules de). – La Grande énigme ; avec une préface de Jules Bois, in-8° carré, Paris, 1896.

Ce roman mystique, précédé d'une charmante préface de J. Bois, est très intéressant. Le héros traverse les aventures les plus extraordinaires dans l'Inde et arrive à pénétrer, ce qui n'est pas facile ! jusqu'au cœur des Fraternités secrètes de ce pays. Est-ce bien certain ?

66. NODIER (Charles). – La Fée aux miettes, in-18, Paris, éditions diverses.

67. DU MÊME.– Trilby, in-18, Paris, éditions diverses.

68. PARCEVAL DESCHENES.– Gardener, Histoire d'un spirite, in-12, Paris, 1865.

69 à 80. – Sous ces numéros, nous annoncerons les 12 volumes du SAR PÉLADAN qui forment l'Ethopée de la Décadence latine , parus chez des éditeurs divers : Chamuel, Dentu, Edinger, etc. Cette œuvre comme tout ce qui sort de la plume de l'écrivain est extrêmement remarquable.

81. PIGAULT-LEBRUN.– Encore du magnétisme, in-8 de 72 pages, Paris, Barbas, 1817.

Dans ce petit roman, le célèbre romancier raconte comment il s'y prit pour convaincre une jeune dame de la réalité du magnétisme. Cette dame était fort incrédule et elle devint cependant somnambule. Se non évero, bene trovato !

Ajoutons que Pigault-Lebrun se fit recevoir membre de la Société de magnétisme de France.

82. EDGARD POÉ. – Eureka, traduit de l'anglais, par Charles Baudelaire, in-18, Paris, 1864.

83. POMAR (Duc de). – Amour immortel, roman psychique, in-18, Paris, 1893.

Ce roman à la fois occultique et théosophique a été publié dans la Revue de la regrettée Lady Caithness : l'Aurore , sous le pseudonyme de Bellechasse ; il est bien écrit et fort intéressant ; nous ignorons s'il a été mis dans le commerce.

84. RAMBLAY (A. de). – La mystérieuse Sapho, in-12, S.d . Paris.

85. RAOUL D'A… – Mémoires de deux esprits, leurs diverses existences racontées à leur mère, par ( – ), in-18 jésus, Paris.

86. RIMBAUD (Arthur). – Les Illuminations : Une saison en Enfer, avec une notice de Paul Verlaine, in-18, Paris.

87. ROCHESTER (J.W.). – Le Pharaon Mernephtah 2 vol. in-12, Paris, Aug. Ghio. S.d .

Roman très intéressant qui donne des renseignements très curieux et exacts sur l'Égypte des Pharaons, sur sa civilisation, et très occultique en ce qui concerne la magie exercée par Moïse et par les Chaldéens ou Mages des Pharaons.

88. DU MÊME.– La Vengeance du juif, 2 vol. in-12, Paris, S.d .

89. DU MÊME.– La reine Hatasou, 2 vol. in-12, Paris, S.d .

98. DU MÊME.– Herculanum, 2 vol. in-12, Paris.

Ces romans sont des œuvres médianimiques écrites sous le pseudonyme de Rochester pris par l'entité qui fait écrire une Dame Russe, femme du monde, Mme S… née W.K.

90 bis DU MÊME.– La Foire aux mariages, 1 vol. in-18 de 450 p.

Ce livre, peint fort bien les mœurs actuelles de la société russe et la manière dont on étudie en Russie, dans la haute société, le spiritisme, sous toutes ses faces. Il y est aussi question, mais accidentellement, de Kabbalah et de Théosophie.

90 ter. DU MÊME.– Épisode de la vie de Tibère, 1 vol. in-18 de 180 p.

Scènes de la vie romaine antique dans lesquelles apparaissent des fantômes, des apparitions, des apports, etc.

ROMANS ÉSOTÉRIQUES, voir ci-dessus, n° 57.

91. ROMAN PHILOSOPHIQUE.– Œuvre médianimique obtenue par un typtologue, in-12, Paris, S.d .

92. ROSNY (Léon de). – L'Épouse d'outre-tombe, conte chinois traduit d'après le teste original par ( – ), in-8, Paris 1864.

93. ROWEL (Max). – Lettres de l'Enfer, confession d'un damné, traduit du Danois, par G. DUCROS, avec l'autorisation de l'auteur ; in-18, Paris.

94. SAND (Georges). – Spiridion, in-12, Paris Michel Lévy et autres éditeurs.

95. DU MÊME.– L'homme de neige.

96. DU MÊME.– Consuelo, in-12, 3 vol.

97. DU MÊME. La Comtesse de Rudolstadt, 2 vol. in-12, Paris, Michel Lévy.

Tous ces romans de Georges Sand ont paru chez divers éditeurs et dans des formats et époques divers.

Il est inutile, pensons-nous de faire l'éloge des œuvres de cet auteur, sa célébrité étant bien connue et solidement établie.

98. SAINTINE (X.B.). – La seconde vie. – Rêves et cauchemars, in-18 Paris, 1864.

On y voit les hallucinations d'un docteur. – Le rêve d'un Inquisiteur. – Prométhée. – Les trois lumières. – Rêves d'une ombre, courses astronomiques, etc.

99. SOULIÉ (Frédéric). – Le magnétisme, 2 vol. in-8, Paris, 1834. Librairie nouvelle, 1857.

Ce roman dans lequel le magnétisme joue le principal rôle renferme des détails très dramatiques. Lors de son apparition, il obtint un grand succès, aussi a-t-il eu de nombreuses éditions.

100. TALLENAY (J. de). – L'Invisible ; roman de l'au-delà avec un frontispice par Georges Moreau, in-12, Paris.

C'est l'histoire d'une individualité, qui assiste après sa mort, après sa désincorporation, à son propre enterrement, ainsi qu'à la détresse des êtres qui lui survivent. – Œuvre littéraire très remarquable. – M$^{me}$ Jeanne de Tallenay est la femme d'un ministre plénipotentiaire de Belgique, M. Van Bruyssel ; les œuvres de cette femme sont très spiritualistes ; sa dernière a pour titre Réveil de l'âme

Un artiste Ph. Ferrier et son amante l'admirable Marguerite Ariani, viennent habiter l'abbaye de Villers. Philippe est un haut sensitif qui prétend connaître ou plutôt reconnaître les ruines de l'abbaye, dans lesquelles, il lit toutes les inscriptions indéchiffrables pour tous les archéologues. Sur une des médailles qu'il trouve au milieu de ces débris, il reconnaît le profil d'une femme qu'il croit avoir aimée à une époque fort lointaine. Dans un état de sommeil hypnotique Philippe Ferrier découvre parmi les sépultures de l'abbaye un cadavre qui fut son corps quatre ou cinq siècles auparavant et là, il voit comme en rêve, l'existence qu'il a antérieurement vécu, avec ce corps, dans ladite abbaye de Villers.

Comme tous les beaux romans occultiques, toute l'affabulation du roman ne sert qu'à faire accepter des idées philosophiques, des plus consolantes pour l'humanité.

THIERRY (Gilbert-Augustin : voyez AUGUSTIN-THIERRY, n° 3.

101. THIERRY (Gilbert). – Récit de l'occulte : La Bien-aimée, Rediviva. – La Rédemption de Larmor ; in-12, Paris, S.d . (1892).

102. VAUDÈRE (Jane de la). – Les Sathaniques, in-12, Paris, 1897.

Dans ce livre décousu, fait de pièces et de morceaux divers, il n'y a guère de sathanique que le titre.

103. VILLIERS DE L'ISLE ADAM (A. de). – Tribulat Bonhomet, in-18 jésus Paris, 1887.

Ouvrage dans lequel un des principaux chapitres intéresse au plus haut point la doctrine spirite.

104. DU MÊME.– L'Ève future, Paris 1886 in-18, Jésus.

105. DU MÊME.– Axel, drame ésotérique, in-8, Paris.

106. DU MÊME.– Akedysseril, in-18 de 230 pages avec figures ; Paris 1897.

Dans le Livre des Respirations , [4] page 97, l'auteur y cite un magnifique passage de ce bel ouvrage.

107 WALTER SCOTT.– Il faudrait mentionner ici presque toute l'œuvre de l'éminent romancier anglais, car à chaque page on trouve de l'occultisme.

108 à 146. VOYAGES IMAGINAIRES.– Songes. Visions et romans cabalistiques : 39 vol. in-8 avec figures de Marillier ; Amsterdam et Paris, 1779-89.

Cette collection de romans a été recueillie et publiée par l'éditeur Garnier.

1. Bien qu'Anglais, nous n'avons pas hésité à faire figurer les œuvres de Bulwer-Lhytton car elles ont en France beaucoup de succès, elles appartiennent donc forcément à notre littérature.

2. Contemplations , IV, 10.

3. Cf, le DICTIONNAIRE D'ORIENTALISME d'Occultisme et de psychologie , V$^e$ Psychométrie ; 2 vol. in-18, Paris, H. Chacornac, 11 Quai Saint-Michel et à la librairie des Sciences psychologiques, 42, rue Saint-Jacques.

4. Le Livre des Respirations, Traité de l'art de respirer ou Panacée pour prévenir ou guérir les maladies de l'homme. 1 vol. in-18 jésus. Prix 3 fr.
Compendium de diverses théories et de divers procédés, mis en œuvre, surtout dans l'Orient et en Europe, par les savants et les médecins, pour utiliser le mieux possible une de nos plus importantes fonctions physiologiques.
Cet ouvrage presque épuisé ne renferme que des documents de première main.

# Conclusion

Arrivés au Terminus de notre course, nous sentons, combien notre tâche est incomplète ; en effet, nous avons voulu réaliser une chose impossible, condenser en un opuscule, la matière de plusieurs volumes. Malgré cela, le but que nous nous étions proposé ; « Faire une sorte de manuel général de la science occulte pour le grand public », ce but a été atteint, nous le pensons du moins. Du reste, nous avons beaucoup dit dans les pages qui précèdent, et dans la présente conclusion nous espérons condenser encore bien des matières, beaucoup d'idées surtout, qui compléteront notre opuscule dans une large mesure, et feront penser le lecteur !

En ce qui concerne la Magie, nous ajouterons ici, que bien des personnes sont magiciennes, sans le savoir, car elles le sont par leur nature même. Parmi ces personnes, celles qui font la charité, le bien, uniquement par Altruisme , ces personnes sont magiciennes du bien, ce sont des Mages blancs ; les individus au contraire, qui par haine, passion ou par un mauvais tempérament naturel maudissent leur prochain, font le mal ou le souhaitent seulement, ces gens-là sont artisans de malheurs, ce sont des vils sorciers ; ils font de la Magie Noire, ce sont donc des Mages Noirs ; et le Moyen Âge a bien fait d'essayer de les détruire, car ils pratiquaient l'envoûtement c'est-à-dire l'un des aspects, les plus terribles de la Goëtie : et le plus difficile à reconnaître, car le fait de souhaiter ardemment du mal à une personne suffit à pratiquer un envoûtement d'une portée d'autant plus considérable, que l'envoûteur possède une plus grande puissance de volonté ; mais heureusement que les moyens spéciaux requis pour envoûter d'une manière efficace, ne sont pas à la portée du premier venu. Cependant, nous conseillons à nos lecteurs de se faire le moins d'ennemis possible, car la haine a une influence des plus funestes et peut amener l'envoûtement sur les personnes, qui s'en doutent le moins Combien de maux étranges, dont les médecins ignorent la cause qui n'ont d'autre source, que l'envoûtement ; nous n'insisterons pas davantage à ce sujet et à ceux de nos lecteurs, qui voudraient, étudier d'une façon agréable le sujet nous conseillerons de lire un roman où ce fléau est étudié d'une manière complètement scientifique [1].

Nous ne reparlerons pas ici de la Kabbalah, des Arcanes, Pantacles et Talismans, de l'Astrologie, science véritable, extrêmement vaste et complexe et pour laquelle seule, il faudrait un gros, très gros volume, nous nous bornerons à dire que les astres ont une influence considérable sur la vie et la destinée de l'homme, que la Lune notamment influence considérablement sur le sexe des enfants au moment de leur procréation ; aussi ce n'est pas sans raison qu'on a dit que « la Lune est la matrice astrale de toutes les productions terrestres, dont le soleil est le père. » Et de même que le soleil, principe actif et fécondant, a une influence sur les éléments mâles, de même la lune qui est le principe passif influe sur les éléments femelles ; du reste la lune reproduit la loi universelle de l'Évolution et de l'Involution, et pour toutes ses opérations et entreprises, le Mage doit opérer pendant la Nouvelle Lune.

En ce qui concerne la Divination , nous avons énuméré, tout au long, les diverses et nombreuses Mandes, nous n'y reviendrons donc pas, mais à propos de la Nécromancie page 67 et suivantes, nous avons été amenés à parler du Spiritisme, et nous avons dit qu'un grand nombre d'Occultistes et non des moindres avaient débuté par le Spiristime ; c'est là une vérité incontestable, mais nous devons ajouter ici, que les hommes intelligents, les intellectuels véritables ont vite passé à des études plus sérieuses et plus profondes, car le Spiritisme, tel que le pratiquent les partisans d'Allan Kardec, (les Kardécistes) ne peut satisfaire les aspirations de l'homme ; le Spiritisme est un début, ce n'est pas une fin, il est du reste entouré de dangers, auxquels le Néophyte non prévenu a beaucoup de peine à se soustraire ; ces dangers nous ne les énumérons pas ici, car ils ont figuré dans quantité d'études et de livres ; nous dirons seulement qu'il ne faut pas mettre sur le compte du Spiritisme un grand nombre de méfaits, dont il ne saurait endosser la responsabilité. Ainsi au moment où j'écris cette conclusion, on fait grand bruit d'un accident survenu à un jeune homme qui pour s'extérioriser (dégager de son corps, son astral ) avait imaginé un appareil qui lui versait d'une façon continue et goutte à goutte, un mélange d'eau et de chloroforme, Extérioriser son double aithérique de cette façon, c'était courir à la mort d'une façon certaine ; c'est absolument comme ceux qui abusent des narcotiques dans le même but. C'est une sorte de suicide. L'homme ne doit extérioriser son double qu'à l'aide de l'hypnose, prudemment provoquée ; par des pratiques de la Yoga et par un entraînement prudent, long et difficultueux encore, dont nous n'avons pas à parler ici, parce que nous entrons dans le domaine de la pratique transcendantale, qui n'a rien à faire dans notre modeste étude.

Pour en revenir à l'expérience imprudente et disons le mot stupide du jeune homme qui a été ainsi au-devant de la mort, nous dirons qu'ici dans l'espèce (comme on dit au Palais) le mal ne peut être imputé ni au Spiritisme, ni à l'Occultisme, ni au Yoguisme, mais à l'ignorance d'un sujet, qui veut se divertir avec des substances et des modes qu'il ne connaît pas. Les matières les plus dangereuses ont leur utilité, mais encore faut-il savoir en user : User et non abuser des narcotiques, tel est un des secrets de la Magie [2].

Revenant à la question Spiritique, nous dirons ce que nous n'avons cessé de clamer sur tous les tons ; qu'il y a un danger réel à s'abandonner sans savoir, sans guide et sans boussole, « dans une mer peuplée d'écueils et habitée par les monstres de l'Invisible » mille fois plus dangereux que nos ennemis visibles, parce que cachés.

Nous n'insisterons pas et nous terminerons cette conclusion en donnant quelques conseils à ceux qui après avoir lu notre Petite Encyclopédie, voudraient poursuivre l'étude de l'Occultisme, car nous supposons bien que ce livre qui n'a été écrit que pour les amateurs de l'Occulte, en vue de vulgariser cette science, aura conquis cependant quelques-uns de ces amateurs et les aura incités à étudier la Science occulte.

Ceux de nos lecteurs qui seront dans ces conditions devront lire tout d'abord quelques ouvrages sur le Spiritisme, nous leur recommandons tout spécialement les ouvrages de G. Delanne, puis un petit Manuel de Magie très succinct et très utile de Boué de Villiers ; cet opuscule servira de préparation à l'étude des ouvrages très bien écrits, très intelligibles du

D$^r$ Papus, de Sédir, de Jolivet-Castelot et de l'École Hermétique tout entière.

Après ces travaux l'étudiant en Occultisme pourra lire les œuvres d'Eliphas Lévy, de Fabre d'Olivet, de Stanilas de Guaita et autres maîtres en Occultisme.

Cet études terminées, l'étudiant pourra aborder les ouvrages d'Orientalisme qui traitent de la yoga et renferment les données transcendentales de la Théosophie ; mais qu'on ne s'y trompe pas, nous entendons, sous ce terme tous les ouvrages qui s'occupent de la Sagesse Divine, de l'étude Philosophique de l'Ésotérisme, sans les obliger pour cela à quitter leur religion ou à embrasser une religion quelconque, car le premier principe Théosophique est celui-ci : « Il n'y a pas de religion plus élevée que la Vérité. »

C'est donc à la recherche de la VÉRITÉ, que doivent tendre tous les efforts de l'Étudiant en Occultisme.

Pas n'est besoin pour atteindre ce but de faire partie d'une Société quelconque, de s'affilier à une Secte.

Ceux parmi les étudiants de l'Occultisme, qui voudraient étudier la Théosophie mystique, la Théosophie chrétienne ou autre trouveraient tous renseignements et secours dans les ouvrages de Jacob Bœhme, de Martines de Pascally et surtout de son Disciple Louis Claude de Martin ou le Ph… Inc…

L'ordre Martiniste a réédité les œuvres de Claude de Saint-Martin, le Tableau naturel des rapports qui existent entre Dieu l'Homme et l'Univers ; l'Homme de Désir volume très rare [3] enfin en dernier lieu, elle se propose de rééditer le Nouvel Homme et l'Homme-Esprit.

Papus, le grand dignitaire de l'Ordre [4] a publié, dès 1899 un Volume très intéressant et substantiel, comme tout ce qui sort de sa plume : Martinésisme, Willermosisme, Martinisme et Franc-Maçonnerie. [5]

Évidemment, il ne faut pas lire ces ouvrages comme on lirait un roman, d'abord on n'y comprendrait pas grand-chose, ensuite, la lecture en serait fastidieuse et complètement inutile. Par exemple l'homme de désir, qui renferme un monde d'idées théosophiques, doit être lu, par paragraphes, c'est-à-dire page par page et chacune d'elles mérite plus ou moins de réflexion. Une page ou deux par jour suffisent à l'homme vraiment intellectuel, il peut trouver dans ; ces pages des sujets de réflexions pour sa journée ; nous parlons du véritable étudiant.

Quant à celui qui lit pour lire pour passer le temps, il n'a que faire de pareils ouvrages.

Dans ces dernières années (il y aura bientôt trente ans) H.P. Blavastki a fondé avec le colonel américain Olcott, une Société Théosophique qui a puisé sa principale influence en s'appuyant sur l'Angleterre soit en Europe, soit dans les Indes ; cette Société a même son siège principal à Madras ou à Adyar (Indes-Anglaises), mais nous le disons bien haut, il n'est pas ; nécessaire pour étudier et surtout pour pratiquer la Théosophie de faire partie d'une Société quelconque.

Toute âme honnête qui ne désire que le bien, qui est charitable et altruiste, qui veut vivre fraternellement avec ses semblables, une telle personne peut étudier seule la Théosophie ; elle peut même étudier tout l'Ésotérisme de la Théosophie, car elle sera instruite directement par un Maître, quand elle l'aura mérité par ses efforts toujours être tendus vers le bien.

Il est donc inutile d'aliéner sa liberté, de sacrifier son Self-Governement pour acquérir des connaissances ésotériques.

Travailler, méditer, vivre surtout la Théosophie, tels sont les moyens de progresser et d'évoluer et il n'est pas besoin pour cela, nous le répétons de s'affilier à une Société quelconque et a fortiori, quand on a la faveur d'avoir en France et sous la main tous les moyens d'études possibles et imaginables. Ce qui manquait à l'École Martiniste, c'étaient les ouvrages de Théosophie orientale, or tous les jours depuis vingt ans, il se publie en France sur la matière des ouvrages et dans quelques années, nous posséderons une Bibliothèque complète, grâce aux Néo-Théosophes ; après Martinez et Cl. de Saint-Martin, nous avons Burnouf qui a traduit du sanskrit un admirable livre La Bhavagad-Gita , qu'on peut lire et méditer sans cesse, et chaque fois, qu'on lit et qu'on interprète ce beau livre, chaque fois, on y trouve de nouvelles données ; enfin nous avons pour parfaire notre éducation, les ouvrages de Blavatsky, du D$^r$ Pascal et les traductions des ouvrages de Sinett, de Leadbeater, d'Annie Besant, d'Anna Kingsford et de Maitland, etc., etc. ; car nous nous plaisons à le répéter nous commençons à posséder une riche Bibliothèque Occultique et Théosophique, nous n'avons donc qu'à y puiser à pleines mains, d'autant que le fond de cette Bibliothèque s'enrichit chaque jour de plus en plus.

Nous résumant en quatre lignes, nous dirons : Prenez contact avec l'Occulte par quelques études spiritiques, puis étudiez les ouvrages classiques de l'Occulte, ceux qui sont aujourd'hui entre les mains de tous les étudiants, enfin attaquez l'Occultisme oriental et la Théosophie par les œuvres orientales et occidentales.

Telle est la marche à suivre pour accomplir d'une manière efficace votre évolution.

---

[1] L'ENVOUTEMENT, par M. A.B. avec préface notes et postface par MARCUS DE VEZE, 1 vol. in-18 de XVI, 331 pages. Paris, H. CHACORNAC, 11, quai St-Michel.

[2] Conférer à ce sujet : TRAITE THÉORIQUE ET PRATIQUE DU HASCHICH et autres substances psychiques : Cannabis Indica, Plantes narcotiques anesthésiques : Herbes magiques, opium, morphine, éther, cocaïne, formules et recettes diverses etc. 1 vol. in-18 jésus, Paris Chamuel. – De nos jours bien des intellectuels ont abusé des narcotiques ; ce traité a été écrit pour aviser les imprudents et leur démontrer le danger

d'abuser des anesthésiques. L'ouvrage aujourd'hui se trouve réduit à quelques exemplaires seulement.

3 Volume in-8°, Milan, Imprimerie Martinistique, 1901. – Paris Ollendorff, 50, Chaussée d'Antin.

4 Président du Suprême Conseil de l'Ordre.

5 1 vol-in-8° Paris, Chamuel, éditeur 1899. – Papus a publié aussi un ouvrage sur Martines de Pasqually, sa vie, ses pratiques magiques, son œuvre 1 vol-in-18 jésus avec figures et documents inédits, Paris, Paul Ollendorff.